LA Digital Publications presents *Russian II: Reading and Vocabulary Practicum* for children.

WHAT IS THIS PROGRAM ABOUT? This is volume II of the first structured reading program in Russian spanning across 87 levels of progressive complexity. *Russian II* is the **intermediate** volume of the program comprising 30 levels called "modules." Each module consists of a text accompanied by multi-leveled questions targeting comprehension as well as word-study and vocabulary. In this volume, children will continue their reading journey with realistic fiction, and they will also learn some fascinating facts about history and culture through relatable and memorable stories.

WHO IS THIS VOLUME FOR? This intermediate-level set of 30 modules is designed for children who have completed volume I. It is also suitable for those who can read longer sentences (minimum of 10 words) and are able to process one-page long texts and wish to continue improving their reading, vocabulary, and comprehension skills.

HOW DOES THIS PROGRAM WORK? This program is based on a readability formula developed specifically for the Russian language. Each volume begins with simpler texts and shorter sentences as well as easier high frequency words. The texts become increasingly more complex, with new vocabulary and syntax structures gradually being added.

WHAT WILL YOUR CHILD LEARN BY COMPLETING VOLUME II? By the end of Part 3 of this volume, children will recognize a larger core of high-frequency words as well as stretches of both simple and split dialogue. Children will learn to process some longer sentences – more than ten words – with prepositional phrases, adjectives, and dialogue, including more variations of compounded sentences. Children will get more used to processing text patters that are particular to written language.

RECOMMENDED METHOD OF READING: We recommend that your child covers a module a day, 3 to 5 times a week, for 25 minutes daily. Depending on your child's confidence in reading, a parent's or tutor's help may be necessary, with an overall goal that your child could progress to the point of completing each module independently. By the end of this 6-week course, your child will grow to become a more confident and independent reader.

This is volume II of III in the series of Russian reading and vocabulary practicums. Upon completion of volume II, your child should be ready to proceed to volume III and further expand their reading and comprehension.

Уровень 1

Модуль 1.1

У Ивана мама из Колумбии, а папа из России. Иван говорит и по-испански, и по-русски. Для многих людей эти два языка совершенно разные. Иван же часто удивляется, как они похожи. Перед сном папа Ивана говорит ему по-русски: «Спокойной ночи». Мама по-испански желает ему того же: «Буэнос ночес». По-русски Ивану «три» годика, а по-испански «трес». По-русски Иван просит «Дай мне», а по-испански это звучит, как «Да мэ».

Очень многие языки действительно схожи. Это заметил ещё британский юрист Уильям Джонс около 250 лет назад. Он утверждал, что многие языки произошли от одного общего языка-предка; потому они и похожи. Уильям Джонс был умнейший человек; он разговаривал на 28 языках и прекрасно разбирался в культуре многих восточных стран.

В 1783 году Джонс отправился в Индию, где стал работать судьёй. В то время в Индии многие законы были написаны на санскрите. Санскрит — это древний язык, на котором разговаривали предки современных индусов. Самое удивительное, что санскрит — это мёртвый язык, потому что им давно перестали пользоваться.

Уильям Джонс решил выучить этот язык. Он был поражён, насколько санскрит оказался похожим на другие языки. Например, на санскрите папа звучал как «питер», на греческом — «патер», а на латинском —

«питер». (Примечательно, что планета Юпитер названа в честь главного римского бога. Само же слово «ю-питер» первоначально означало «небесный отец».)

Идея Джонса сравнивать санскрит с другими языками пришлась по душе другим исследователям языков, которых называют «лингвистами». Лингвисты выделили целую группу языков, похожих на санскрит. Они назвали её индоевропейской языковой семьёй. В эту группу входят такие языки, как санскрит, латинский, греческий, русский, немецкий, английский, французский, армянский и некоторые другие. Примечательно, что далеко не все европейские языки родственные. Например, финский, венгерский, эстонский, а также мальтийский, баскский и грузинский имеют другое происхождение.

Предполагается, что несколько тысяч лет назад на юго-востоке Европы существовали люди, чей язык стал источником для всех современных индоевропейских языков. Со временем эти люди стали расселяться в разные точки материка. Часть из них обосновалась там, где сейчас находится Индия. Другая часть — там, где Россия и бо́льшая часть Европы. Постепенно в разных географических местах язык-источник стал меняться. Но менялся он в каждом месте по-своему. За тысячелетия изменения стали такими сильными, что люди из разных мест перестали понимать друг друга. Так из одного языка-предка появились совершенно новые языки.

Несмотря на то, что все эти языки стали со временем сильно отличаться друг от друга, они продолжают иметь множество схожих слов и правил. Люди, которые знают несколько языков, как, например, мальчик Иван, обязательно заметят эти сходства.

1. О чём говорится в тексте?

- О том, что мальчик Иван сможет выучить санскрит.
- О том, что многие языки похожи, потому что они произошли от общего языка-предка.

2. Чем известен Уильям Джонс?

- Он предположил, что санскрит и некоторые европейские языки произошли от общего источника.
- Он был справедливым судьёй.

3. Как Уильям Джонс определил, что санскрит и греческий языки похожи?

- Он сравнил эти языки и нашёл в них похожие слова.
- Джонс не считал, что санскрит и греческий язык похожи.

4. Какие европейские языки не являются частью индоевропейской языковой семьи?

- санскрит, латинский, греческий, русский, немецкий, английский, французский, армянский и некоторые другие.

- финский, венгерский, эстонский, мальтийский, баскский и грузинский языки имеют другое происхождение.

5. Чем можно заменить слово «поражён» в предложении «Он был **поражён**, когда понял, насколько санскрит был похож на другие языки…»?

- удивлён
- опечален

6. Какой вариант **противоположен** по значению к слову «**схожи**» в предложении «Очень многие языки действительно **схожи**»?

- похожи
- разные

7. Вставьте пропущенные слова.

балует   аптеку   восторге

- Бабушка отправилась в __________ за лекарствами.
- По воскресеньям папа нас __________ блинами.
- Зрители оказались в__________ от просмотра пьесы.

Модуль 1.2

В воскресенье мама повела Лизу в парк развлечений. Лиза ждала этого дня всю неделю. Она знала, что в парке её ожидают много веселых аттракционов и самая вкусная на свете сахарная вата.

Лиза с мамой приехали в парк развлечений пораньше, когда ещё было не так жарко. Они сразу отправились на любимый аттракцион Лизы — американские горки. Покатавшись на горках, мама с дочкой пошли смотреть на лебедей в пруду. Там они заодно решили, какой аттракцион стоит опробовать следующим.

Лиза и не заметила, как пролетело полдня. Вместе с мамой они перекатались на всех аттракционах, погуляли по парку и даже выиграли приз — огромного плюшевого кота. После этой победы мама купила Лизе обещанную сахарную вату.

Когда настала пора возвращаться домой, Лиза и мама направились к главному выходу из парка. К тому времени Лиза очень устала. Она надеялась, что сразу сядет в машину и поедет домой. Но за воротами машины не оказалось, а виднелась лишь огромная зелёная лужайка.

— Мама, а где же наша машина? — удивлённо спросила Лиза.
— Машина на парковке, — объяснила мама. — Нам надо пройти через эту лужайку, чтобы попасть туда.
— Почему же парковку построили так далеко? У меня нет никаких сил идти до машины пешком.

— Наверное, они не хотели, чтобы машины стояли так близко к парку. Ведь воздух в парке такой свежий и чистый. Пойдём же! Нам надо успеть домой к ужину.

Но Лиза заупрямилась и продолжала хныкать и жаловаться. Лужайка была большая. Лизе казалось, что пройти через неё пешком после такого веселого дня было выше её сил.

Несколько минут мама смотрела то на Лизу, то на лужайку. А потом она сделала Лизе предложение, от которого было трудно отказаться, пусть даже, самому уставшему ребёнку. Вместо того, чтобы идти по лужайке пешком, Лиза должна была «прокувыркаться» по ней до самого конца! У Лизы заблестели глаза, и, к её собственному удивлению, к ней тут же вернулись силы. Она сама не понимала, откуда у неё появился внезапный прилив энергии.

Лиза резво принялась кувыркаться в сторону парковки. Мама с трудом за ней поспевала. Когда они сели в машину, мама сказала:

— Ты молодец, преодолела такую немалую дистанцию кувырком! Но как у тебя хватило сил? Ты же сперва даже шагу ступить не могла!

Лиза тоже была в недоумении. Она задумалась, а потом ответила:

— Знаешь, мама, просто идти пешком по огромной лужайке — невыносимо скучное занятие. А у детей, наверное, не бывает сил на скучные вещи. Кувыркаться же — это совсем другое дело!

1. О чём говорится в тексте?

- О том, как мама и Лиза провели день в парке аттракционов.
- О том, как Лиза научилась кувыркаться на гимнастике.

2. Почему Лиза ждала похода в парк развлечений целую неделю?

- Потому что Лиза мечтала там покувыркаться.
- Потому что в парке развлечений было много аттракционов и продавали сахарную вату.

3. Какая идея пришла маме в голову, когда Лиза не захотела идти к парковке?

- Мама предложила Лизе посидеть на травке и отдохнуть.
- Мама предложила Лизе «прокувыркаться» до парковки.

4. Почему Лизе «прокувыркаться» до парковки было легче, чем пройти пешком?

- Потому что на кувырки Лиза тратит меньше сил, чем на ходьбу.
- Потому что силы на интересные занятия у неё находятся даже тогда, когда она устала.

5. Чем можно заменить слово «хныкать» в предложении «Но Лиза заупрямилась и продолжала **хныкать** и жаловаться»?

- хрюкать
- плакать

6. Какой вариант **противоположен** по значению к слову **«успеть»** в предложении «Нам надо **успеть** домой к обеду»?

- опоздать
- петь

7. Вставьте пропущенные слова.

доброта   галерею   запах

- В городе Лиза любила ходить в интересную картинную __________.
- У бабушки было много хороших качеств, но отличала её удивительная __________.
- Наступила осень, и на улице ощущался аромат цветов и __________ лимонов.

Модуль 1.3

У Дженни намечался очень важный день. Она планировала разбить копилку в виде поросёнка и подсчитать свои сбережения.

Когда Дженни вернулась домой после школы, она положила копилку на газету посередине комнаты. Разбить копилку молотком оказалось проще некуда. Сложнее было подсчитывать свои накопления. Монеток было много. Чтобы не сбиться со счёта, Дженни раскладывала их столбиками. Когда все деньги были подсчитаны, оказалось, что у Дженни получилось собрать нужную сумму! Теперь она могла попросить маму и папу купить ей смартфон.

За несколько месяцев до этого Дженни, мама и папа заключили договор. Дженни купят смартфон, если она будет прилежно учиться, выполнять вовремя домашнее задание и гулять со щенком дважды в день. Дженни выполнила все общения. Поэтому вскоре родители принесли ей заветную коробочку.

Отдавая Дженни смартфон, мама решила с ней серьёзно поговорить. Она объяснила, что и дети, и взрослые часто слишком увлекаются смартфонами и забывают о всех других своих интересах. Мама очень не хотела, чтобы и с Дженни это произошло. Дженни пообещала маме, что не будет играть на смартфоне дни напролет.

Дженни решила, что вообще не будет скачивать игры для смартфона. Вместо этого она будет смотреть интересные видео и узнает много нового. Но первое же видео, которое попалось ей, было про котёнка, бегающего за шваброй по комнате. Дженни это так насмешило, что она решила посмотреть ещё одно видео о проделках домашних питомцев. И это видео оказалось невероятно забавным. Дальше смартфон предложил ещё несколько похожих видео, перед которыми было трудно устоять.

«Видео же такие короткие, вот посмотрю ещё парочку и займусь уроками», — подумала про себя Дженни. Наступило время ужинать, и Дженни отправилась в столовую, не отрываясь от экрана. Она положила смартфон рядом со своей тарелкой и принялась есть, не обращая внимания ни на что, кроме экрана.

Остаток дня Дженни провела в своей комнате с телефоном в руках. Она даже взяла смартфон с собой в ванную, когда пошла чистить зубы. Тогда мама решила ещё раз серьёзно поговорить с Дженни.

— Сколько времени ты сегодня провела с телефоном?

Дженни посмотрела на часы и подсчитала, что прошло около пяти часов.

— А что ты делала в это время вчера, когда у тебя не было телефона? — спросила мама.

Дженни задумалась. Вчера после школы она сделала уроки, поплавала в бассейне, почитала новую книжку и погуляла со своим щенком. Тут она поняла, что сегодня, отвлекаясь на смартфон, она не сделала ничего из того, что очень любила делать каждый день.

Мама рассказала Дженни, что и она сама раньше иногда слишком сильно увлекалась видео и играми на телефоне. Из-за этого она ничего не успевала и чувствовала себя усталой. Поэтому с тех пор она использует смартфон для развлечений только в свободное время в конце дня. Дженни поняла, что мама была права. Ей не хотелось пропускать прогулки с друзьями и щенком и забывать про другие свои хобби и интересы. Дженни пообещала себе, что отныне будет использовать смартфон только после того, как закончит все остальные дела.

1. О чём говорится в тексте?

- О том, как Дженни поняла, как правильно использовать смартфон.
- О том, как Дженни вместе с мамой часами проводят время, используя смартфон.

2. С какой целью Дженни разбила свою копилку?

- Дженни поняла, что в копилке больше не было места.
- Дженни хотела подсчитать свои сбережения и узнать, достаточно ли их на покупку смартфона.

3. Что должна была Дженни сделать, чтобы родители купили ей смартфон?

- Она должна была прилежно учиться, выполнять вовремя домашнее задание и гулять со щенком дважды в день.
- Она должна была выиграть в конкурсе по чтению стихов.

4. Почему Дженни решила контролировать, сколько времени она проводит, пользуясь смартфоном?

- Дженни осознала, что она всё время проводит, смотря видео на смартфоне.
- Дженни и не думала контролировать, сколько времени она проводит, пользуясь смартфоном.

5. Чем можно заменить слово «заветную» в предложении «и уже на следующий день после работы родители принесли ей **заветную** коробочку»?

- редкую
- желанную

6. Какой вариант **противоположен** по значению к слову «**сбережения**» в предложении «Она планировала разбить копилку в виде поросёнка и подсчитать свои **сбережения**»?

- накопления
- траты

7. Вставьте пропущенные слова.

коллекция   здоровье   изумительное

- Бабушка любила повторять, что о __________ необходимо заботиться смолоду.
- Папа умеет готовить__________ рагу.
- У наших соседей была довольна большая __________ старинных картин.

Модуль 1.4

Давным-давно на острове Маврикий в Индийском океане жила птица додо. Многие считают, что додо — просто миф, дошедший до нас из народных сказаний, но это не так. Когда-то додо действительно жили на этой планете.

Сегодня учёные догадываются о том, как выглядели додо по записям и рисункам голландских и португальских моряков в 16 и 17 веках. Эти моряки путешествовали по Индийскому океану на восток и часто останавливались на Маврикии. На их рисунках додо выглядят смешными и неуклюжими. Это была довольно крупная птица размером с небольшую собаку. Учёные полагают, что до появления людей на Маврикии эти птицы были очень хорошо приспособлены к жизни на этом острове. Ещё учёные выяснили, что так же, как и пингвины, додо не умели летать. Но несмотря на эту общую черту с пингвинами, самыми близкими родственниками додо являются голуби.

Изначально путешественники, приезжающие на остров Маврикий, были весьма поражены удивительной птицей. Они даже отправили несколько додо в Европу и Азию на изучение. Однако лишь немногие из этих птиц смогли преодолеть такое длинное и сложное путешествие. Когда некоторые из моряков остались жить на Маврикии, они стали промышлять охотой на додо.
До появления людей на острове на додо никто никогда не охотился. Поэтому у этой птицы остались не развитыми инстинкты самосохранения. Додо совершенно не боялись людей и не спешили от них прятаться, становясь лёгкой добычей для человека.

Учёные всё же считают, что вымерли додо не из-за охоты людей. Ведь в те далекие времена на Маврикии жило не так уж много поселенцев. Додо исчезли из-за других животных, которых моряки завезли с собой на остров. До появления моряков на острове никогда не водились ни свиньи, ни собаки, ни кошки, ни макаки-крабоеды. Со временем эти животные расплодились на Маврикии. Они редко нападали на взрослых додо, но легко разоряли их гнёзда, которые додо вили прямо на земле. Ещё из-за новых видов животных додо стало труднее добывать пищу, потому что её просто не хватало на такое большое количество птиц и зверей. Наконец люди стали вырубать леса, в которых жили додо, лишая их привычной среды обитания.

Последнего додо видели в далёком 1662 году. Когда люди поняли, что на планете больше не осталось ни одной забавно выглядящей птицы с большим клювом, было уже поздно. Многие осознали, как опасно не заботиться об окружающей среде и не задумываться о том, как это может повлиять на живущих рядом существ. Сегодня люди часто вспоминают птицу додо. Поэтому есть надежда, что человечество научилось на своих ошибках и сумеет сохранить разнообразие природы.

1. О чём говорится в тексте?

- О том, откуда появилась птица додо.
- О том, как птица додо исчезла.

2. Где обитали додо?
- в Португалии и Голландии
- на острове Маврикий

3. Как завезённые на Маврикий животные вредили додо?

- Завезённые животные разоряли гнёзда додо.
- Завезённые животные охотились на додо.

4. Как свидетели описывали додо?

- Додо были похожи на собак.
- По описаниям додо были крупной и неуклюжей птицей.

5. Чем можно заменить слово «разоряли» в предложении «…но легко **разоряли** их гнёзда, которые додо вили прямо на земле»?

- строили
- разрушали

6. Какой вариант **противоположен** по значению к слову **«исчезли»** в предложении «Додо **исчезли** из-за других животных, которых моряки завезли с собой на остров»?

- появились
- скрылись

7. Вставьте пропущенные слова.

необъятное   лингвист   Мало-помалу
- Лесное озеро было огромное, _________ .

* _____________ у меня стало получаться играть на гитаре.
* Человек, который изучает языки, — _____________.

Модуль 1.5

Каждый год на День благодарения Лия вместе с родителями ездила в гости к бабушке и дедушке в другой город. Ехать надо было далеко — целых два часа на машине. У бабушки и дедушки был большой дом и красивый сад. Когда папа Лии был маленьким мальчиком, он жил в этом доме со своими братьями и сёстрами. Сейчас они все выросли и разъехались в разные концы страны. Но каждый год они все непременно собирались вместе со своими семьями на День благодарения в доме своего детства.

Вот наконец Лия с семьёй подъехала к дому. Во дворе Лия увидела свою кузину Веру, которая ещё была и её лучшей подругой. Вера тоже заметила Лию, которая выбежала из машины к ней навстречу. Девочки обнялись и, даже не заходя в дом, побежали играть в сад.

Целых два часа Лия и Вера весело бегали по саду, поднимая в воздух кучи сухих листьев. Наконец из окна второго этажа выглянула бабушка и позвала их к себе. Девочки тотчас же ринулись домой. Лия и Вера были самыми младшими в огромной компании детей, и к каждому их приезду бабушка готовила им забавные сюрпризы. Вот и в этот раз бабушка достала из полки две коробочки в цветной упаковке. Лия и Вера нашли в них небольшие фигурки зверушек — панду для Лии и коалу для Веры.

— Бабушка, расскажи нам про времена, когда наши папы были маленькими, — попросила Лия.
— Давно это было, — вздохнула бабушка. — Да будет вам известно, это они сейчас такие серьёзные, а в детстве оба были изрядные проказники.

Бабушка усадила обеих девочек на резной сундук в ногах кровати, чтобы им было удобно слушать историю из детства их пап. Но докончить весёлый рассказ о проделках своих сыновей бабушка не успела. Её позвали на кухню, где готовился праздничный обед. Бабушка ушла, а девочки остались в комнате одни. Некоторое время они играли со своими подарками, как вдруг им в голову пришла одна интересная идея…

В это же время на первом этаже в гостиной царило праздничное веселье и обед был в самом разгаре. Вдруг дедушка заметил, что ни Лии, ни Веры нет за столом. Взрослые вспомнили, что девочек уже давно нигде не видно. Все заволновались. Лия и Вера ни за что не пропустили бы свой любимый тыквенный пирог. Взрослые и дети стали искать девочек по всему дому и саду. Но сколько бы их ни звали, сколько бы ни просили вернуться, Лия и Вера не отзывались. Наступил вечер, заметно похолодало. Расстроенная бабушка поднялась в свою комнату, чтобы взять что-нибудь тёплое и вернуться в сад на поиски внучек. Она открыла резной сундук, чтобы достать оттуда шаль, и ахнула.

В огромном сундуке, свернувшись калачиком, спали Лия и Вера. Бабушка стала звать остальных членов семьи в свою спальню. От шума Лия и Вера проснулись. Они были очень удивлены, что вся семья так взволнована и рада их появлению. Девочки рассказали, что после ухода бабушки на кухню, они решили поиграть с ней в прятки и спрятались в сундуке. Но бабушка долго не возвращалась, а в сундуке было так тепло и тихо, что девочки не заметили, как уснули.

Вся семья так радовалась возвращению Лии и Веры, что ругать за причинённую тревогу их не стали. Всё же девочек попросили больше никогда не начинать игру в прятки, не предупредив об этом кого-то из взрослых.

1. О чём говорится в тексте?

- О том, как Лия и Вера провели День благодарения.
- О том, как Лия и Вера сбежали из дому.

2. Как взрослые заметили, что Лия и Вера пропали?

- Бабушка звала их в саду, но они не отзывались.
- Во время обеда дедушка заметил, что девочек не было за столом.

3. Почему Лия и Вера не отзывались, когда их звали?

- Потому что они спали.
- Потому что они не хотели, чтобы их нашли.

4. Как Лия и Вера нашлись?

- Бабушка нашла их спящими в сундуке.
- Они проголодались и сами вышли из сундука.

5. Чем можно заменить слово «непременно» в предложении «Но каждый год они все **непременно** приезжали со своими семьями на День благодарения к бабушке и дедушке»?

- редко
- обязательно

6. Какой вариант **противоположен** по значению к слову «**взволнована**» в предложении «Они были очень удивлены, что вся семья так **взволнована** и рада их появлению»?

- спокойна
- радостна

7. Вставьте пропущенные слова.

Пастух   обвинил   раздражали

- Маленький Ник___________ свою сестрёнку в том, что она разрушила его песочный замок.
- ___________ спал под деревом, пока его собака прогоняла волка, охотившегося на овец.
- Дедушку часто ___________ новости.

Модуль 1.6

Каждое второе воскресенье месяца Грейс и её папа ездили на фермерский рынок за продуктами. Кому-то это может показаться скучным, но Грейс знала, что фермерский рынок таит в себе много интересного, а главное — вкусного.

Вот и сегодня, придя в ту часть рынка, где продавали яйца, Грейс ахнула. На прилавке были разложены куриные, гусиные, утиные и даже перепелиные яйца. Такого разнообразия не найдёшь в магазине! Грейс решила купить маленькие перепелиные яйца для своей маленькой сестрёнки.

— Ну что, из чего мы будем готовить утренний омлет? — спросил папа.

Без долгих раздумий Грейс указала на огромное яйцо, стоявшее позади всех остальных товаров на прилавке. Оно было размером с ананас, никак не меньше.

— Как вы думаете, что это за яйцо? — предложила им угадать продавщица.

Папа предположил, что это пингвинье яйцо, и сам же рассмеялся. Он знал, что это не так.

— Я думаю, это страус, — сказала Грейс и оказалась права. Продавщица рассказала им, что недалеко от их города находилась страусиная ферма. С этой фермы и закупаются страусиные яйца. А ещё она добавила, что одним таким яйцом можно накормить целую семью.

Папа согласился с выбором Грейс; ему очень захотелось попробовать яичницу из страусиного яйца.

Дома папа и Грейс столкнулись с неожиданной проблемой. Оказалось, что разбить страусиное яйцо не так уж и просто. Как Грейс и папа ни старались, твёрдая скорлупа никак не трескалась. Грейс не отчаивалась. Она нашла в Интернете видео, в котором объяснили, что страусиное яйцо не нужно разбивать, как куриное. В страусином яйце нужно проделать дырочки с обоих концов. В одну из них надо подуть, и тогда белок и желток вытекут из другого конца.

Всё действительно получилось, как на видео. Яичница вышла огромная и очень вкусная, и вся семья осталась довольна. А скорлупу, которая практически не пострадала, папа и Грейс решили разрисовать и сохранить на память.

1. О чём говорится в тексте?

- О том, как Грейс вместе с папой побывали на страусиной ферме.
- О том, как Грейс вместе с папой сходили на фермерский рынок, а потом приготовили яичницу.

2. Почему Грейс любила ходить на фермерский рынок?

- Потому что Грейс надеялась там увидеть животных.
- Потому что там было много интересного и вкусного.

3. Почему папа и Грейс купили только одно страусиное яйцо?

- Потому что страусиные яйца были слишком дорогие.
- Потому что оно было большое, и им одним можно было накормить целую семью.

4. Как Грейс и папа сумели разбить страусиное яйцо?

- Грейс нашла видео в Интернете, показывающее, как обращаются со страусиными яйцами.
- Папа разбил яйцо молотком.

5. Чем можно заменить слово «ахнула» в предложении «Вот и сегодня, придя в ту часть рынка, где продавали яйца, Грейс **ахнула**»?

- удивилась
- рассердилась

6. Какой вариант **противоположен** по значению к слову **«довольна»** в предложении «Яичница вышла огромная и очень вкусная, и вся семья осталась **довольна**»?

- расстроена
- рада

7. Вставьте пропущенные слова.

соревновании   Территория   рассвет

- Мама разбудила Луку очень рано, чтобы они вместе отправились в парк встречать___________.
- ___________ нашего сада совсем не большая.
- Гимнастки из нашей школы одержали победу на ___________.

Модуль 1.7

К поездке на озеро с ночёвкой Смиты и Джонсы готовились целых две недели. Озеро находилось в секвойном лесу, где никто из детей ещё не был. Оба семейства взяли с собой большие палатки, чтобы всем хватило места. Они также захватили тёплую одежду и запаковали с собой чуть ли не целый супермаркет вкусной еды!

— Вот бы добраться до горного озера! Можно заодно устроить там рыбалку, — мечтательно заявил мистер Смит.

Утром в субботу обе семьи погрузили палатки и рюкзаки в машины и отправились в путь. Секвойный лес показался всем зачарованным. Под высокими деревьями-великанами всё казалось очень маленьким и каким-то игрушечным.

Джонсы и Смиты планировали устроить привал прямо у озера и там же разбить палатки на ночь. Они ехали по навигатору, который показывал, что озеро вот-вот окажется перед ними. Но озеро так и не появилось. Когда машина наконец остановилась, на месте озера был лишь глубокий овраг, дно которого поросло яркими полевыми цветами.

— Так ведь это и есть озеро! — воскликнул вдруг Джимми Смит. — Только вода куда-то подевалась.
— Точно! — поддержал его Бобби Джонс. — Помните, в начале лета по новостям передавали, что из-за отсутствия дождей наступила засуха? Наверное, это озеро

пересохло.

Джонсы и Смиты не отчаялись и решили остаться у цветочного озера. Дети помогли родителям разбить палатки и стали собирать сухие ветки для костра. Когда всё было готово, они приготовили обед, потому что все изрядно проголодались.

После обеда все остались петь песни у костра. Девочки собрали цветы с озера, и Миссис Джонс научила их плести венки. Когда стемнело, дети и взрослые решили рассматривать звёзды. Они разлеглись прямо на мягкой густой траве, покрывшей дно озеро. Каждый стремился найти известное ему созвездие. Дети пытались сосчитать, сколько всего звёзд на небе, и всё время сбивались со счёта.

Внезапно в небе появилась маленькая, но очень яркая звезда. Она быстро пересекала небосвод, иногда исчезая за облаками и появляясь снова.

— Неужели комета? — сказал вслух мистер Джонс.
— Похоже больше на бортовые огни самолета, — ответила Миссис Джонс, улыбаясь.

Дети же подхватили разговор Миссис и Мистера Джонсов и решили поиграть в страшилки. Кто-то заявил, что это вовсе не комета и не самолёт, а космический корабль. На этом корабле две семьи инопланетян летели отдыхать к далёкому цветочному озеру... Несмотря на страшные истории перед сном, все спали спокойно.

1. О чём говорится в тексте?

- О том, как Смиты и Джонсы делали покупки перед поездкой в лес.
- О том, как Смиты и Джонсы провели время в лесу.

2. Почему секвойный лес показался всем зачарованным?

- Потому что секвойи — необычайно высокие деревья.
- Потому что в лесу было необычайно много деревьев.

3. Куда пропало озеро, к которому ехали Смиты и Джонсы?

- Смиты и Джонсы использовали неправильную карту и так и не доехали к озеру.
- Озеро пересохло во время засухи.

4. Какую страшилку придумали дети?

- Они утверждали, что яркий мелькающий огонёк в небе — это космический корабль с инопланетянами.
- Они шутили, что озеро высушили инопланетяне.

5. Чем можно заменить слово «зачарованным» в предложении «Секвойный лес показался всем **зачарованным**»?

- волшебным
- очаровательным

6. Какой вариант **противоположен** по значению к слову «**отсутствия**» в предложении «Помните, вначале лета по новостям передавали, что из-за **отсутствия** дождей наступила засуха»?

- недостатка
- обилия

7. Вставьте пропущенные слова.

увлекательную   хоккей   фабрику

- На день рождения мне подарили __________ книгу.
- Наконец мы отправились на экскурсию на настоящую шоколадную__________, где изготовлялось огромное количество шоколадных конфет.
- Мой любимый вид спорта — __________ .

Модуль 1.8

Когда Люси и Мэри попросили у родителей завести домашнего питомца, папа с мамой и не подозревали, что питомец будет такой необычный. Поддавшись на уговоры девочек, в одно воскресное утро вся семья поехала в местный приют, чтобы выбрать нового члена семьи. По дороге они весело обсуждали, кто это будет: собака или кошка, а может хомячок?

В приёмной приюта прямо на столе лежала серая змейка. И хотя обычно очень трудно понять, в каком настроении змея, девочкам почему-то показалось, что она грустит. Подошедший работник приюта рассказал, что этим утром змею сдали её бывшие хозяева. У них не хватало времени за ней ухаживать, и, казалось, теперь змея грустила от одиночества. Работник приюта также объяснил, что змейка очень спокойная, совершенно не ядовитая и за ней очень легко ухаживать.

Папа с мамой даже не пытались протестовать — сёстры смотрели на змею с такой жалостью, что было решено забрать её домой. Дома Люси и Мэри принялись старательно изучать, как правильно обустроить жильё для новой питомицы. Аквариум, в котором Нэнси (так решили назвать змейку) привезли из приюта, поместили в углу комнаты рядом с окном, занавешенным тяжёлыми шторами. На крышку аквариума установили лампу, чтобы по утрам змейку будил свет. В супермаркете купили перепелиных яиц — любимое лакомство Нэнси.

Казалось, они всё сделали по правилам. Однако, когда наступило утро, Нэнси только глубже зарылась в песок и не вылезала оттуда весь день. Все подумали, что она просто привыкает к новому месту, а когда проголодается — обязательно выползет. Но Нэнси просидела в песке до самой ночи. На следующее утро ситуация повторилась.

Девочки перепугались и попросили родителей позвонить ветеринару. Тот внимательно расспросил их о жилье Нэнси и решил, что жилище было обустроено правильно. Ветеринар не мог понять, почему змея не реагировала на внешний мир и даже не хотела есть. Тогда он попросил записать Нэнси к нему на приём, чтобы убедиться, что змея была здорова.

На следующее утро, едва проснувшись, девочки побежали к аквариуму. Они увидели Нэнси, греющуюся на поверхности под светом лампы. Люси и Мэри очень обрадовались, накормили змею яйцом и пошли в школу. На следующий день была суббота, и сестры надеялись как можно больше времени провести с Нэнси. Но она опять не появлялась. Её не было видно следующие несколько дней, и девочки теперь были уверены, что Нэнси больна. В одно утро змейка вновь была обнаружена на песке, словно загорая на пляже.

Сестры решили понаблюдать, в какие дни Нэнси вылезает из норки на песок. Спустя несколько дней они поняли, в чём же было дело. Если по утрам мама входила в комнату, чтобы раздвинуть тяжелые шторы, Нэнси обязательно выползала из песка. Она с удовольствием заглатывала перепелиное яйцо и весь день грелась под лампой. А если мама оставляла шторы закрытыми, Нэнси продолжала спячку. Получалось, что одного света лампы было недостаточно, чтобы её разбудить.

Когда девочки поняли, что Нэнси совершенно не больна, они очень обрадовались. Они отменили приём у ветеринара. Теперь каждое утро, прежде чем заняться своими делами, они прибегали в комнату с аквариумом и отодвигали шторы, чтобы пожелать Нэнси доброго утра.

1. О чём говорится в тексте?

- О том, как Люси и Мэри отправились в путешествие.
- О том, как Люси и Мэри завели питомца.

2. Как Нэнси попала в приют для животных?

- Нэнси уползла из дома, и никто не мог найти её хозяев.
- Её туда сдали собственные хозяева.

3. Почему девочки хотели отвезти Нэнси к ветеринару?

- Потому что Нэнси перестала есть и не выползала из песка.
- Потому что Нэнси перестала охотиться на мышей.

4. Как девочки поняли, что Нэнси здорова?

- Они осознали, что Нэнси не ела, потому что ей не хватало света, чтобы пробудиться.

- Девочки прочитали, что змеи иногда не едят долгое время.

5. Чем можно заменить слово «внимательно» в предложении «Тот **внимательно** расспросил их о жилье Нэнси и решил, что жилище было обустроено правильно»?

- тщательно
- быстро

6. Какой вариант **противоположен** по значению к слову «**одиночества**» в предложении «У них не хватало времени за ней ухаживать, и, казалось, теперь змея грустила от **одиночества**»?

- уединение
- компания

7. Вставьте пропущенные слова.

Шампиньоны   чуяла   щётку

- Охотничья собака ___________ запах лисы.
- ___________ — самые любимые грибы моих родителей.
- Я забыл свою зубную _________ в гостинице.

Модуль 1.9

Однажды бабушка приехала и привезла с собой большой пакет земли и маленькие цветные пакетики. Бабушка объяснила, что в пакетиках были семена разных трав и овощей. Оказалось, что в цветочном магазине недалеко от их дома была распродажа семян. Бабушка приобрела несколько пакетиков, решив заняться садоводством вместе со внуками. Детям эта идея пришлась по душе.

Из кладовки достали большие садовые кадки и насыпали в них землю. Когда всё было готово к посадке семян, неожиданно зазвонил телефон. Бабушка ушла ответить на звонок. Детям пришлось ждать её возвращения.

— По-моему, это звонит тётушка Эмили — бабушкина лучшая подруга, — сказал Питер.

Дети вздохнули. Если это и вправду тётушка Эмили, то бабушка пропала надолго. А детям так не терпелось начать сажать семена.

— А давайте сделаем всё сами, — предложила Сара.
— Вот бабушке будет сюрприз, — согласились остальные.

Когда после долгого разговора бабушка вернулась на веранду, внуки гордо ей сообщили, что уже рассадили все семена по кадкам.

— Ох какие вы у меня самостоятельные, — восхитилась бабушка. — Давайте сделаем надписи на кадках. Показывайте, где какие семена.

Тут дети переглянулись. О том, что в каждой кадке должны быть одинаковые семена, они даже и не подумали.

— Мы не помним, — сказал Питер.
— Как это не помните? — удивилась бабушка. — Вот в эту кадку, например, что вы посадили?

Дети пожали плечами.

— Мы не обращали внимания. Просто сыпали семена из пакетиков, — призналась Сара.
— Иногда мы их мешали, чтобы семенам не было скучно. Чем больше разных семян в кадке, тем веселее, — добавила самая младшая, Мия.

— Кто же так сажает семена! — вспылила бабушка. — Они же наверняка все погибнут. Неужели вы не могли дождаться моего возвращения?

От энтузиазма детей не осталось и следа. Они не ожидали, что бабушка так рассердится. Мия готова была расплакаться, ведь она думала, что помогает бабушке.

Заметив, как дети расстроились, бабушка поняла, что была слишком строга. Действительно, её внуки лишь хотели ей помочь.

— Знаете, — сказала она. — А ведь это даже весело. Каждый урожай будет сюрпризом. Мы можем соревноваться, кто первый угадает, что вырастет в каждой кадке.

Бабушка ещё раз осмотрела проделанное и похвалила внуков за хорошо выполненную работу. Дети действительно постарались на славу.

В течение нескольких недель дети по очереди поливали семена, а потом пришла пора собирать урожай. В каждой кадке вырос букетик самых разных трав, наполняя своим душистым ароматом всю веранду. «Действительно, какая разница, как сажать», — подумала про себя бабушка и ещё раз похвалила внуков.

1. О чём говорится в тексте?

- О том, как бабушка и внуки изучали растения.
- О том, как бабушка и внуки занялись садоводством.

2. Почему внуки решили рассадить семена сами, не дождавшись бабушки?

- Потому что им не хотелось ждать бабушку, которая надолго отлучилась.
- Потому что дети не хотели проводить время вместе с бабушкой.

3. Почему бабушка рассердилась на внуков?

- Потому что они рассадили семена, не дождавшись её.

- Потому что они не запомнили, в какие кадки
  рассадили какие семена.

4. Почему бабушка похвалила внуков после того, как
их поругала?

- Бабушка пожалела, что была слишком строга
  ко внукам.
- Бабушке понравилось, как внуки рассадили
  семена.

5. Чем можно заменить слово «вспылила» в
предложении «— Кто же так сажает семена! —
вспылила бабушка»?

- затряслась
- рассердилась

6. Какой вариант **противоположен** по значению к
слову **«похвалила»** в предложении «Она ещё раз
осмотрела каждую кадку и **похвалила** внуков за
хорошо проделанную работу»?

- развеселила
- поругала

7. Вставьте пропущенные слова.

  ясная   аллеи   юмора

- Дедушка всегда нас смешил, потому что у
  него было отличное чувство__________. 36

- После дождя выглянуло солнце, и погода стояла __________.
- Вдоль __________ были посажены яблони.

Модуль 1.10

Том считал, что ему очень повезло с учительницей по испанскому языку. Приходя два раза в неделю к ним домой, сеньора Кармен учила Тома премудростям испанской грамматики. А ещё она с удовольствием слушала истории Тома из школьной жизни. Да и сама сеньора Кармен рассказывала забавные истории — исключительно на испанском!

Вот и сегодня, проверив домашнее задание и объяснив Тому новый урок, сеньора Кармен рассказала, что два дня назад купила в супермаркете новую машинку по изготовлению пасты.

— Эта новая машинка мне в принципе не нужна, потому что старая отлично работает. Я просто не удержалась при виде нового аппарата! А что делать со старым ума не приложу, — призналась она Тому. — Жалко его выбрасывать.

— А зачем вам машинка для пасты? — удивился Том. — Ведь пасту можно купить в любом супермаркете.

— Домашняя паста намного вкуснее! Я всегда делаю её сама.

Тома эта идея заинтересовала. Паста была его любимой едой, но родители всегда готовили покупную. Теперь Тому очень захотелось попробовать домашнюю пасту.

— Мама, можно мы приютим старую машинку для пасты сеньоры Кармен? — спросил мальчик.

Мама была не против, но призналась, что никогда не делала пасту сама. Учительница пообещала всех научить этому мастерству. Тогда было решено на следующем занятии вместо испанского языка делать пасту. Том даже позвал своих одноклассников, Джорджа и Аннику, потому что лепить пасту с друзьями гораздо веселее.

Машинка для пасты действительно оказалась как новая. Сбоку у неё была железная ручка, которую надо было крутить. Тогда тесто прокручивалось через специальные валики, превращаясь в тоненький блин.

Сеньора Кармен показала детям, как замесить тесто, и вместе они дружно принялись за работу. Вскоре блин из теста был готов.

— Но оно же совсем не похоже на пасту! — воскликнул Том.

Тут сеньора Кармен заметила, что на машинке нужно переключить режим и снова пропустить блин через аппарат. Дети так и поступили. Когда из машинки показались нити лапши, их восторгу не было предела — они своими руками сделали настоящую пасту! Им хотелось немедленно прокрутить все тесто. Но сеньора Кармен предложила поделить его на две части и добавить в одну часть свёклу, а во вторую шпинат. Дети не сразу поняли зачем это нужно. Потом они догадались, что от овощей паста получается цветная. Теперь у них было целых три вида пасты: бледно-жёлтая, розовая и салатовая.

— А когда же пасту можно будет попробовать? — спросила мама.

И действительно, пора была обедать. Тогда дети переглянулись и вдруг громко расхохотались. Они были так увлечены изготовлением пасты, что и не заметили, как у каждого из них лица и руки были перепачканы в муке. Мама Тома и учительница тоже изрядно вымазались, да и кухня вся была в муке.

Перед тем, как умыться и сесть обедать, они решили сделать селфи на память — пять счастливых, перемазанных в муке лиц и три огромных блюда с разноцветной пастой.

1. О чём говорится в тексте?

- О том, как сеньора Кармен готовила паэлью.
- О том, как сеньора Кармен учила детей готовить домашнюю пасту.

2. Как Тому пришла в голову идея приготовить пасту?

- Том увидел, как изготовляют пасту в Интернете.
- Сеньора Кармен рассказала ему, что купила машинку для пасты.

3. Как у сеньоры Кармен и детей паста получилась разноцветная?

- Они добавили в тесто свёклу и шпинат.
- Они добавили в тесто красители.

4. Почему дети расхохотались после того, как переглянулись?

- Они все были вымазаны в муке.
- Сеньора Кармен рассказала им смешную шутку.

5. Чем можно заменить слово «премудростям» в предложении «…сеньора Кармен не только учила Тома **премудростям** испанской грамматики…»?

- хитростям
- примерам

6. Какой вариант **противоположен** по значению к слову «**принялись**» в предложении «Сеньора Кармен показала детям, как замесить тесто, и вместе они дружно принялись за работу»?

- закончили
- придумали

7. Вставьте пропущенные слова.

воскликнула   бегемотов   героем

- На уроке биологии дети изучали __________.
- Вероника была так рада, что

______________ «Ура»!

* Джеймс чувствовал себя настоящим ______________ после того, как спас кошку от енота.

Уровень 2

Модуль 2.1

Настя обожала своих бабушку и дедушку. Но ей всегда казалось, что они скучно проводят время. Бабушка любила сидеть в кресле и вышивала пейзажи, а дедушка читал новости или пытался научить их кота новым трюкам. «Наверное, это потому, что они уже старенькие», — думала Настя.

Девочка очень обрадовалась, когда однажды родители предложили ей провести каникулы вместе с бабушкой и дедушкой в тёплой экзотической стране. Настя взяла из библиотеки целую стопку книг, чтобы было чем заняться на отдыхе. Она предполагала, что все две недели они проведут на лежанках у бассейна.

Каково же было её удивление, когда в первый же день дедушка записал их на снорклинг.

— Дедушка, ты уверен, что тебе это понравится? — на всякий случай уточнила Настя.
— Конечно, — кивнул дедушка. — Погоди, ты ведь умеешь плавать?

Плавать Настя умела и очень любила. Просто она никак не ожидала, что её бабушка и дедушка решат нырять в океан, чтобы полюбоваться на пёстрых тропических рыб и огромных черепах. Но на этом Настино удивление не закончилось.

Каждое утро они начинали с похода на пляж, где плавали в тёплом океане наперегонки, а потом загорали на песке. После обеда они ездили на всевозможные экскурсии на соседние острова, вместе с гидом бродили по тропинкам среди джунглей до водопада и наблюдали за дикими животными в природе. Дни были насыщены приключениями, и, возвращаясь по вечерам в отель, они приносили с собой массу новых впечатлений и фотографий.

Когда в середине отпуска выдался дождливый день, семья решила остаться в отеле. Они как раз готовились идти в ресторан позавтракать, когда внезапно за окном раздался душераздирающий рёв.

— О Боже! — воскликнула бабушка. — Нас атакуют гориллы.
— Мне кажется, это скорее бегемот, — возразил дедушка.
— Может, он выбежал из джунглей из-за дождя? Настя, не подходи к окну.

Но Настя уже была у окна. Она отодвинула плотную штору и радостно закричала:

— Это же мартышки! Они ведь неопасные.

Дедушка тут же подошёл к окну посмотреть на крикливых существ.

— Это, должно быть, обезьяны-ревуны, про которых нам рассказывал гид, — вспомнил он.

Настя с интересом смотрела на сидящих на пальмах мартышек. По размеру они не отличались от домашнего пуделя, но голос у каждой был такой, что не уступал самому страшному зверю.

— Наверное, они так отпугивают хищников, — предположила Настя.

— Ну или просто хотят привлечь наше внимание, — усмехнулся дедушка. — Настоящие артисты.

Вернувшись домой, бабушка и дедушка с удовольствием рассказывали всем о своих приключениях на отдыхе и в особенности о происшествии с мартышками. Настя же только и говорила о том, какими активными оказались бабушка с дедушкой. «Они совсем не старенькие! У них просто другие увлечения», — наконец-то поняла Настя.

1. О чём говорится в тексте?

- О том, как Настя вместе с бабушкой и дедушкой впервые учились плавать.
- О том, как Настя вместе с бабушкой и дедушкой провели каникулы в тёплой экзотической стране.

2. Почему Настя решила, что дедушка и бабушка «старенькие»?

- Потому что ей казалось, что они всегда очень скучно проводят время.
- Потому что они не рисковали плавать в океане.

3. Чем бабушка и дедушка удивили Настю на каникулах?

- Они знали названия редких экзотических животных.
- Они неожиданно оказались весьма активными.

4. Какое было Настино мнение о бабушке и дедушке после путешествия?

- Она больше не считала их «старенькими».
- Она решила, что им нужно найти новые увлечения.

5. Чем можно заменить слово «атакуют» в предложении «Нас **атакуют** гориллы»?

- нападают
- дразнят

6. Какой вариант **противоположен** по значению к слову «**активными**» в предложении «Настя же только и говорила о том, какими **активными** оказались бабушка с дедушкой»?

- энергичными
- спокойными

7. Вставьте пропущенные слова.

дрожал   загорелась   жонглёра

- Погода выдалась дождливая, и котёнок
__________ от холода.
- В цирке больше всего меня поразило
выступление __________.
- Прочитав рассказ своего друга, София тоже
__________ идеей писать о приключениях.

Модуль 2.2

Каждое утро Саша вместе с мамой выгуливали Себастьяна в парке недалеко от дома. Себастьян — это озорной пудель, которому недавно исполнился год. Примечательно, что по собачьим меркам Себастьян считался подростком. Вёл же он себя как щенок: бесконечно носился по парку, весело и задиристо гавкал и вообще всячески радовался жизни.

Любимым занятием Себастьяна было гоняться за мелкими обитателями парка. Завидев издалека стайку воробьёв или спустившуюся с высокой сосны белку, он стремглав мчался к ним навстречу, громко лая. Воробьи разлетались в разные стороны, а белки пулей взбирались обратно на дерево. Белки, оказавшись на ветке в безопасности, громко и смешно трещали. Они словно ругали Себастьяна за то, что он не дал им закончить их беличьи дела.

Иногда в парк забредали какие-нибудь окрестные коты. Себастьян гонялся за ними с неменьшим задором, но коты всегда успевали взобраться на забор или на дерево. Там, с высока, они делали вид, что вообще не замечают никакого пса. Сашу и маму это всегда очень веселило. На самом деле Себастьян был вовсе не злой и причинять вреда никому не собирался. Просто ему нравилось бегать и лаять.

Однажды в парке появился большой чёрно-белый кот, которого ни Саша, ни мама раньше никогда не видели. Он был очень важный и упитанный. Завидев его издалека, Себастьян выдал радостный боевой клич на собачьем языке и помчался к коту.

Заметив бегущего в его сторону огромного пса, кот, конечно же, полез на забор. Однако в то утро, видимо, он успел очень плотно позавтракать, потому что запрыгнуть на забор ему не удалось. Не удержавшись, он покатился вниз и очутился прямо у лап Себастьяна.

Тут Саша и мама не на шутку перепугались. Они знали, что Себастьян никогда не нападал на других животных. Но на этот раз кот со страху мог первый полезть в драку, и тогда было непонятно, чем такая встреча могла обернуться. Саша с мамой побежали к забору, чтобы оттащить Себастьяна оттуда, но тут случилось неожиданное.

Коту стало ясно, что убежать от пуделя у него уже не получится. Тогда он устроился на земле и принялся спокойно умываться. Оторопевший Себастьян уставился на него. Он привык, что коты от него обычно удирали со всех ног, а он в ответ за ними гонялся. А что делать с этим невозмутимым котом, который, казалось, и не замечал его вовсе, Себастьян ума не мог приложить.

Тут подоспели Саша и мама. Себастьян посмотрел на них в недоумении, словно спрашивая совета, как ему поступить.

— Себастьян, пошли гулять на пруд, — предложила Саша.

Идея была хорошая, и Себастьян послушно пошёл за хозяйкой. Уходя, он обернулся ещё раз посмотреть на странного кота и увидел, как тот спешно взбирается на забор.

1. О чём говорится в тексте?

- О том, как пудель Себастьян повстречался с котом на прогулке.
- О том, как пудель Себастьян подружился с котом.

2. Почему казалось, что Себастьян вёл себя как щенок?

- Он всё время скулил и не любил выходить из дому.
- Потому что он любил носиться по парку, лаять и веселиться.

3. Почему мама и Саша забеспокоились, когда упитанный кот не смог убежать от Себастьяна?

* Они опасались, что упитанный кот первый нападёт на Себастьяна.
* Они опасались, что Себастьян первый атакует упитанного кота.

4. Почему упитанный кот принялся умываться, когда оказался у лап Себастьяна?

* Он так пытался озадачить Себастьяна и закончить погоню.
* Коту не нравилось, что он испачкался в грязи.

5. Чем можно заменить слово «упитанный» в предложении «Он был очень важный и **упитанный**»?

* откормленный
* серьёзный

6. Какой вариант **противоположен** по значению к слову «**издалека**» в предложении «Завидев **издалека** стайку воробьев или спустившуюся с высокой сосны белку, он стремглав мчался к ним навстречу, громко лая»?

* оттуда
* вблизи

7. Вставьте пропущенные слова.

лакомство   известный   колыхались

* В самолёте рядом с нами сидел__________ киноактёр.
* На поляне на ветру__________ разноцветные

полевые цветы.
* Мороженое — моё любимое ___________ .

Модуль 2.3

Ник с нетерпением ждал выходных. Обычно его мама и папа задумывали какое-нибудь интересное занятие на субботу и воскресенье. Вот и на этот раз было решено поехать на выходные на рыбалку.

Недалеко от их города было озеро, которое славилось среди заядлых рыбаков своей рыбой. Надо сказать, что ни папа, ни мама, ни сам Ник никогда раньше не рыбачили. Но это их не остановило. В магазине рыболовных принадлежностей им показали, какие удочки и приманка необходимы, чтобы поймать крупную рыбу. В пятницу вечером все вещи были сложены, и вся семья с нетерпением ожидала завтрашнего утра.

Приехав утром на озеро, семья разложила удочки, сделав всё, как им посоветовал продавец в рыболовном магазине. Все трое принялись ждать клёва.

— Что-то не клюет, — вскоре заметил папа.
— Пока и десяти минут не прошло, — напомнила ему мама. — Рыбалка требует терпения.
— А что, если рыба сейчас не голодна? — спросил Ник.
— Рыба всегда только и ждёт, чтобы ей что-нибудь кинули, — очень уверенно сказал папа.

Но даже если это было и так, клевать пока что ни одна рыба не торопилась. Ник внимательно следил за поверхностью воды, но вокруг их удочек не было ни рябинки. И вдруг он почувствовал, как его удочку потянуло вниз.

— Кажется, я что-то поймал! — воскликнул Ник.

Папа и мама с интересом наблюдали, как он вытаскивал из воды что-то довольно тяжелое. Но каково же было их разочарование, когда из воды показался болтающийся на крючке старый башмак.

Тем временем на озере стали появляться лодки с опытными рыбаками. Они неспешно разматывали свои удочки и принимались за ловлю. Казалось, они использовали какую-то секретную приманку, потому что клевало у них постоянно — только успевай вытаскивать улов.

— Может, нам тоже надо было взять напрокат лодку? — предположила мама.

— Дело не в лодке, а в том, что эти люди забирают себе всю нашу рыбу! — возмутился папа.

Они снова принялись ждать. Вдруг, не говоря ни слова, папа отбросил свою удочку в сторону и, засучивая на ходу рукава, ринулся к воде. Зайдя в озеро по колено, он резко наклонился и вытащил из воды довольно большую рыбину. Гордо подняв её над головой, он помахал ею своей семье.

— Надо же, голыми руками рыбу поймал! — восхитился Ник.

— Между прочим, обманывать нехорошо, — сказала мама. — Ты заметил, как мимо проплывала мёртвая рыба, и просто схватил её.

Смеясь, папа признался, что мама права — он просто решил подшутить над ними.

Все опять дружно принялись выжидать клёв. Первой повезло маме: ей попалась небольшая форель. Потом и Ник с папой поймали по форели. К тому времени все сильно проголодались, и рыбалку было решено прекратить. Форель тут же запекли на костре и ею же поужинали. Нику показалось, что пойманная собственными руками рыба была намного вкуснее обычной из магазина.

1. О чём говорится в тексте?

- О том, как мама, папа и Ник отправились на рыбалку.
- О разных способах ловли рыбы.

2. Как семья Ника подготовилась к рыбалке?

- Они взяли напрокат лодку.
- Они заранее купили всё необходимое для рыбалки в специальном магазине.

3. Как папа подшутил над мамой и Ником?

- Он купил рыбу в магазине и выдал её за пойманную рыбу.

- Он изобразил, что поймал рыбу голыми руками.

4. Чем закончилась рыбалка?

- Каждый поймал по рыбе, которой потом поужинали.
- Семья нашла новую приманку для рыбы.

5. Чем можно заменить слово «славилось» в предложении: «Недалеко от их города было озеро, которое славилось среди заядлых рыбаков своей рыбой»?

- было милым
- было известным

6. Какой вариант противоположен по значению к слову «неспешно» в предложении: «Они неспешно разматывали свои удочки и принимались за ловлю»?

- неторопливо
- быстро

7. Вставьте пропущенные слова.

лилового   навстречу   маршрут

- Ирина нечаянно рассыпала цветные карандаши и смогла найти все цвета, кроме ___________.
- Папа отправился в поездку в горы,

проложив __________через небольшую деревушку, славящуюся вкусным мёдом.

* Мы надеялись, что приют для животных пойдёт нам __________ и разрешит взять котёнка.

Модуль 2.4

Вначале поход в музей показался Олегу довольно скучной затеей. Что интересного может быть в музее? Но маме очень хотелось пойти в музей обязательно вместе с ним, поэтому Олег согласился.

В музее было довольно оживлённо. Мимо Олега и мамы прошли молодые люди с мольбертами на плечах. Они о чем-то переговаривались.

— Это студенты, будущие художники, — объяснила мама. — Им часто дают задание рисовать в музее, глядя на какую-нибудь картину.

Молодые люди расставили мольберты у картины Ван Гога «Ирисы».

— Почему они выбрали эту картину? — спросил Олег. — Наверное, потому что Ван Гог считается одним из самых великих художников. Его часто называют гением живописи.

Олег присмотрелся к картине. Она показалась ему необычной, потому что краска на полотне была нанесена толстым слоем. Краска лежала на холсте затейливыми неровными бугорками, но от этого цвета казались будто живые. Потом Олег стал рассматривать полотна студентов-художников. К своему удивлению, он заметил, что у очень многих картины получались до удивления похожими на оригинал.

— Мам, посмотри, они ведь рисуют точно так же, как Ван Гог! — воскликнул Олег. — Тогда почему же только его называют гениальным художником? Столько человек могут рисовать ничуть не хуже!

— Дело в том, что Ван Гог был первым, кто стал писать картины в таком стиле, — объяснила мама. — Помнишь, мы прошли по залам с работами других художников? Ты заметил картину, которая была бы похожа на работы Ван Гога?

Олег отрицательно покачал головой. К ним подошел работник музея.

— Я услышал ваш разговор, — сказал он, — и подумал, что вам будет интересно послушать примечательную историю про одну из картин Ван Гога.

Оказалось, что недавно искусствоведы нашли застывшего кузнечика на одной из картин Ван Гога.

— Ван Гог специально посадил кузнечика на полотно? — удивился Олег.
— Не думаю, — ответил работник музея. — Скорее всего, кузнечик уселся на картину, когда краска была ещё совсем свежая и вязкая. Выбраться же из толстого слоя краски сам кузнечик не смог.

Вернувшись домой, Олег достал с полки свою коробку с красками и принялся рисовать ирисы. Когда рисунок был почти готов, он выпросил у бабушки старую брошку в виде жучка, которою она давно не носила. Олег осторожно посадил металлического жучка на свою работу. Получилось почти как у Ван Гога.

1. О чём говорится в тексте?

- О том, как Олег вместе с мамой посетили музей.
- О том, как жил Ван Гог.

2. Чем заинтересовала Олега картина Ван Гога «Ирисы»?

- Олег раньше видел эту картину в книжке.
- Краска на полотне лежала толстым слоем, а цветы от этого казались будто живые.

3. Какой вопрос возник у Олега, когда он увидел, что студенты умеют рисовать почти так же, как Ван Гог?

- Откуда они научились так рисовать?
- Почему Ван Гог считается гением живописи, если многие умеют рисовать, как он?

4. Как мама Олега объяснила, что Ваг Гог является гением живописи несмотря на то, что многие умеют рисовать в его стиле?

- Ван Гог был первым, кто придумал этот уникальный стиль.

- Никто до Ван Гога не рисовал ирисы.

5. Чем можно заменить слово «затейливыми» в предложении «Эта краска лежала на холсте **затейливыми** неровными бугорками, но от этого цветы казались будто живые»?

- причудливый
- обыкновенный

6. Какой вариант **противоположен** по значению к слову «**скучной**» в предложении «Вначале поход в музей показался Олегу довольно **скучной** затеей»?

- интересной
- обычной

7. Вставьте пропущенные слова.

пловцов   разделить   оберегать

- Природу нужно __________ и защищать.
- Майкл Фелпс — один из самых известных __________.
- Работу нужно__________ на равные части.

Вольфганга Амадея Моцарта часто называют одним из величайших композиторов всех времён, и это действительно так. Несмотря на то, что он жил в далёком 18 веке, его музыку любят до сих пор.

Вольфганг родился в Австрии, в городе Зальцбурге. С рождения жизнь Моцарта была наполнена музыкой. Его отец, Леопольд, был скрипачом. Он обучал старшую сестру Вольфганга — Наннерль — игре на клавесине. Трёхлетний Моцарт с упоением следил за уроками сестры. Он часто сам садился за клавесин и часами развлекался, нажимая на клавиши. Отец Вольфганга был поражён, когда выяснилось, что малыш выучил наизусть отрывки из нескольких музыкальных произведений.

В возрасте четырёх лет Вольфганга тоже стали учить музыке. Вскоре вся семья поняла, что маленький Вольфганг не просто очень усердный ученик, но ещё и весьма одарённый мальчик. Уже в пять лет Моцарт сочинил свои первые пьесы.

Отец Вольфганга очень хотел, чтобы мальчик стал композитором. Однако по правилам того времени композитором могли стать лишь те люди, которые умели виртуозно исполнять музыку. Тогда у отца Моцарта появилась интересная идея. Он решил повезти Вольфганга и его сестру путешествовать и выступать по всем королевским дворам Европы. Он наделся, что Моцарта заметят и предложат ему хорошую работу.

Слушатели на гастролях были в восторге от маленького музыканта. Они даже стали называть его «вундеркиндом», что в переводе с немецкого означает чудо-ребёнок. За время путешествий маленький Моцарт стал настоящей сенсацией и вместе со своей сестрой достиг удивительных высот в исполнительном мастерстве.

К 10 годам Моцарт уже стал композитором. Но несмотря на первоначальный успех, к подросшему Моцарту и его сестре публика со временем охладела — ведь они уже выросли из «чудо-детей».

Когда Моцарту исполнилось 17 лет, он получил работу придворного музыканта в Зальцбурге. Он должен был сочинять музыку для особых случаев, а также давать концерты во время торжеств. Но платили за эту работу не очень хорошо, да и Вольфгангу вскоре наскучила такая жизнь. Поэтому он решил переехать в Вену, столицу Австрии.

Там он познакомился с Констанцией Вебер. Молодые люди полюбили друг друга и вскоре поженились. Вольфганг зарабатывал на жизнь уроками музыки. Он также сочинял музыку для богатых людей и давал концерты. Со временем он стал очень популярным.

Моцарт работал день и ночь. За свою жизнь он написал огромное количество разнообразной музыки, от сонат до концертов, от симфоний до опер. Даже когда он сильно заболел и больше не мог выступать, Моцарт продолжал работать над своей последней оперой — «Волшебной флейтой» — которую всё-таки успел закончить незадолго до смерти.

Всего он написал 50 симфоний, 25 концертов для фортепиано и 21 оперу, не считая множества других музыкальных произведений!

Вскоре после его смерти ценители музыки поняли, каким невероятно талантливым музыкантом и композитором был Вольфганг Амадей Моцарт. И хотя он жил очень недолго, он успел оставить нам огромное количество удивительной музыки. К счастью, все его произведения сохранились, и мы можем наслаждаться ими и сегодня.

1. О чём говорится в тексте?

- О жизни великого композитора Вольфганга Амадея Моцарта.
- О том, как можно стать композитором.

2. С чего началось знакомство Моцарта с музыкой?

- Он с упоением следил за уроками музыки для сестры и любил проводить время за клавесином.
- Музыка Моцарта заинтересовала в школе.

3. Почему Моцарта назвали «вундеркиндом»?

- Потому что он хотел стать композитором.
- Потому что он был необычайно талантливым ребёнком.

4. Как можно определить, что Моцарт был весьма трудолюбив?

- Моцарт хорошо зарабатывал.
- Он работал день и ночь и написал десятки музыкальных произведений.

5. Чем можно заменить слово «сенсацией» в предложении «За время путешествий маленький Моцарт стал настоящей **сенсацией**…»?

- талантливым
- главной новостью

6. Какой вариант **противоположен** по значению к слову «в **восторге**» в предложении «Слушатели были в восторге от маленького музыканта»?

- равнодушны
- восхищались

7. Вставьте пропущенные слова.

сверкала   решительно   талантов

- Алиса была настроена __________ и собиралась сделать всё возможное, чтобы выиграть в конкурсе.
- Утром трава вся __________ от росы.
- У учителя по музыке было много __________: он умел играть на флейте, пианино и гитаре, а также прекрасно пел.

Модуль 2.6

Фламинго — очень необычная птица. У них длинные ноги, огромный, похожий на перевернутый ковшик клюв, а самое главное — розовые перья. Из-за такой необычной окраски издалека стаю фламинго можно принять за полыхающее пламя.

Кстати, именно по этой причине птица и получила своё название. Дело в том, что очень много фламинго живут в Латинской Америке. В большинстве стран в этом регионе говорят на испанском языке, а в Бразилии — на португальском. В обоих этих языках есть слово «фламенко», которое означает «пламенный». Наблюдая за огненной птицей, жители Латинской Америки решили назвать её по цвету оперения.

А знаете почему фламинго розовый? На самом деле, когда птенец фламинго вылупляется из яйца, он вовсе не розовый, а белый. Так они живут примерно три года и только потом начинают менять окраску.

Происходит это потому, что фламинго обитают в основном на очень солёных мелководных озёрах. В таких местах рыба почти не водится, но зато есть много мелких рачков — любимого лакомства фламинго. Сами рачки питаются микроскопическими водорослями, в которых содержится особое красящее вещество. Когда фламинго едят рачков, красящее вещество попадет в их организм и придает перьям необычный оттенок. Цвет фламинго может меняться от нежно-розового до ярко-красного в зависимости от того, на каком озере они живут и какими рачками питаются.

Можно подумать, что ловить мелких рачков таким огромным клювом неудобно, но это вовсе не так. Фламинго используют свой клюв как ковшик и зачерпывают воду из озера, в которой кишат рачки. Для этого они выворачивают голову так, что нижняя часть клюва оказывается наверху. Так клюв становится совсем похож на ковшик.

В верхней части клюва у фламинго есть специальные отверстия, которые он использует, чтобы процедить воду. Когда вся вода из клюва вытекает, птица заглатывает оставшихся рачков. Со стороны это выглядит очень необычно, ведь фламинго ест вниз головой.

Фламинго — одна из самых древних птиц на земле. Кроме Латинской Америки, они ещё живут в Азии и Африке. С древних времен люди считали фламинго удивительной птицей и почитали её.

1. О чём говорится в тексте?

- о птицах фламинго
- о птицах Латинской Америки

2. Что напоминают стаи фламинго издалека?

- розовую ткань
- полыхающее пламя

3. Откуда эти птицы получили своё название?

- На португальском слово «фламенко» означает «пламенный».

- Так называется танец.

4. Откуда у фламинго розовый или красный окрас?

- Фламинго такими рождаются.
- Окрас фламинго получают из еды.

5. Чем можно заменить слово «обитают» в предложении «А происходит так потому, что фламинго **обитают** в основном на очень солёных мелководных озёрах»?

- живут
- переходят

6. Какой вариант **противоположен** по значению к слову **«примерно»** в предложении «Так они живут **примерно** три года и только потом начинают менять окраску»?

- предположительно
- точно

7. Вставьте пропущенные слова.

увлёкся   фигуры   тренер

- Дедушка вырезал шахматные __________ из дерева.
- В седьмом классе Ричард __________ биологией.
- У команды новый __________ по баскетболу, которого все

спортсмены сразу же полюбили.

Модуль 2.7

Мамонты — это древние животные, напоминающие слонов. Они бродили по нашей планете на протяжении пяти миллионов лет. Около десяти тысяч лет назад мамонты начали вымирать. Окончательно мамонты исчезли около четырёх тысяч лет назад. Примечательно, что последние мамонты вымерли тогда, когда уже были построены великие египетские пирамиды!

В 2007 году на российском полуострове Ямале оленевод Юрий Худи обнаружил останки мамонтёнка. Это была настоящая находка для учёных, потому что мамонтёнок очень хорошо сохранился. Выяснилось, что мамонтёнок жил более сорока тысяч лет назад!

Мамонтёнка назвали Любой — в честь жены Юрия Худи. Юрий обнаружил мамонтёнка утром, когда пошёл собирать дрова для костра. Сначала издалека он увидел что-то необычное на снегу. Подойдя поближе, Юрий понял, что перед ним очень маленький мамонтёнок. Юрий связался с учёными и рассказал им о необычной находке.

Учёные были крайне удивлены, насколько хорошо мамонтёнок сохранился. Ведь Люба пролежала в земле многие тысячелетия. Исследователям удалось установить, что это была совсем ещё маленькая самка, которой исполнилось не больше шести месяцев.

Многие считают, что современные слоны, которые живут в джунглях Индии и Африки, произошли от мамонтов. Однако учёные полагают, что на самом деле это не так. Мамонты и современные слоны имеют общего прародителя. Развивались же они независимо друг от друга — слоны на юге, а мамонты на севере.

Многие мамонты были намного больше своих южных родственников-слонов. Одни их бивни весили 100 килограммов, а рост достигал пяти метров. Существовали также и карликовые виды мамонтов, которые были чуть больше полутора метров в высоту. Как и слоны, мамонты были травоядными животными и питались растениями, ягодами и травой. Взрослый мамонт мог съесть до 350 килограммов еды в день. Представляете, как трудно было найти столько еды в вечной мерзлоте!

Учёные до сих пор спорят, отчего же вымерли мамонты. Некоторые предполагают, что первобытные люди истребили мамонтов. Они охотились на мамонтов ради мяса, тёплой шкуры и костей, из которых делали орудия труда. Другие утверждают, что мамонты не смогли приспособиться к тёплому климату, пришедшему на смену холодному ледниковому периоду.

1. О чём говорится в тексте?

- О том, как нашли останки мамонтёнка Любы, а также о мамонтах в целом.
- О том, как мамонты истребили многие виды растений.

2. Почему мамонтёнок Люба стал настоящей находкой для исследователей?

- Потому что это был самый древний мамонт, известный науке.
- Потому что мамонтёнок хорошо сохранился, и учёные могли досконально его изучить.

3. Что общего у мамонтов и слонов?

- Слоны произошли от мамонтов.
- Мамонты и слоны произошли от общего прародителя; они внешне похожи, и оба вида являются травоядными.

4. Как люди объясняют исчезновения мамонтов?

- Некоторые предполагают, что мамонты вымерли из-за охоты людей; другие считают, что мамонтам было сложно приспособиться к более тёплому климату.
- Есть догадки, что мамонтов истребили динозавры.

5. Чем можно заменить слово «находка» в предложении «Это была настоящая **находка** для учёных»?

- открытие
- загадка

6. Какой вариант **противоположен** по значению к слову «**первобытные**» в предложении «Некоторые предполагают, что **первобытные** люди истребили мамонтов»?

- первые
- современные

7. Вставьте пропущенные слова.

Этикетка   швее   чересчур

- Я отнесла своё платье __________, чтобы та его сделала короче.
- Игорь решил приготовить овсянку, но каша получилась __________ сладкой.
- __________ на футболке кололась, и я её отрезал.

Модуль 2.8

Как известно, в Японии и некоторых других азиатских странах люди едят не вилкой, а палочками. Для тех, кто не привык к палочкам с детства, научиться ими пользоваться — непростая задача. Братья Миша и Никита увидели, как едят палочками в их любимых японских мультфильмах, и тотчас же решили этому научиться.

По их просьбе родители заказали столик в японском ресторане, куда отправились всей семьёй. Мама и папа Миши и Никиты научились пользоваться палочками, ещё будучи подростками. Их дедушка управлялся палочками, как настоящий самурай. А вот бабушка всегда просила у официанта вилку для себя, Миши и Никиты.

— Бабушка, а ты разве не хочешь попробовать поесть палочками, как в Японии? — спросили внуки.

— Я не думаю, что столовые приборы влияют на вкус еды,
— ответила бабушка. — Главное, чтобы повар постарался.
Между прочим, суши, которые вы сейчас заказали, в
Японии часто едят не палочками, а руками.
— Не может быть! — удивились мальчики.

Миша и Никита помнили, что их бабушка знала очень
много интересного. Она же преподавала историю в
университете и обожала говорить о разных культурах и
временах.

— Между прочим, — продолжила бабушка, — руками ели
в Древнем Риме. Какой-нибудь молодой человек по имени
Луций, ваш ровесник, мог запросто пообедать жареным
фазаном и съесть его руками без ножа и вилки!
— А борщ он тоже ел бы руками? — хихикнул Миша.
Вместе с Никитой они тотчас прыснули со смеха.

Бабушка строго посмотрела на них.

— В Древнем Риме не было борща, — напомнила она им.
— Зато рядом с каждой тарелкой с едой ставили чашу,
наполненную водой. Её использовали вместо современной
салфетки — чтобы ополоснуть руки.
— А как в Древнем Риме развлекались после обеда? —
поинтересовался Никита. — Ведь моллов тогда не было.
— Правильно, не было, — подтвердила бабушка. —
Вместо этого древние римляне ходили в баню.
— Помыть руки после обеда? — решил пошутить Никита.

Тут захохотали даже папа с мамой.

— Вовсе нет, — серьёзно ответила бабушка. — Раньше бани были очень популярным местом. Там можно было не только помыться и подстричься, но ещё и позаниматься спортом. В баню часто приходили просто, для того чтобы встретиться и поболтать с друзьями. Там были даже библиотеки для любителей чтения. А ещё…

Тут официант принес их заказ, и все с удовольствием принялись есть. Еда действительно оказалась отменная. Миша и Никита попробовали есть палочками. Они были так голодны, что решили учиться обращаться палочками в другой раз. Братья отложили палочки в сторону и стали есть руками — то ли как в Японии, то ли как в Древнем Риме.

1. О чём говорится в тексте?

- О том, как Маша и Никита научили свою бабушку есть палочками.
- О том, как Миша и Никита вместе со своей семьёй ужинали в ресторане и обсуждали столовые привычки японцев и древних римлян.

2. Как, по мнению бабушки Маши и Никиты, едят суши в Японии?

- с помощью вилки
- без палочек — руками

3. С какой целью в Древнем Риме рядом с едой ставили чашу с водой?

- Чтобы можно было помыть руки, так как в Древнем Риме ели руками.
- Чтобы можно было вымыть в чаше овощи и фрукты.

4. Какие услуги предлагались в банях Древнего Рима?

- В банях люди только мылись, поскольку в их жилищах не было душа.
- В банях можно было не только умыться, но и подстричься, заниматься спортом, читать и общаться с друзьями.

5. Чем можно заменить слово «ровесник» в предложении «Какой-нибудь молодой человек по имени Луций, ваш **ровесник**, мог запросто пообедать жареным фазаном»?

- сверстник, человек того же возраста
- предшественник

6. Какой вариант **противоположен** по значению к слову **«популярным»** в предложении «Раньше бани были очень **популярным** местом»?

- известным
- нераспространенным

7. Вставьте пропущенные слова.
Ягуар   балет   альбом

- В конце каждого года мы идём смотреть мой любимый __________ — «Щелкунчик».

- Билл нашёл старый __________ с фотографиями, который разглядывал целый час.
- __________ — это крупное пятнистое животное из семейства кошачьих.

Модуль 2.9

Ты наверняка слышал выражение «правильное питание». Об этом часто говорят по телевидению и в Интернете. Но не все понимают, что это означает и почему так важно правильно питаться.

Для того чтобы мы оставались здоровыми, сильными и полными энергии, нашему организму нужны специальные питательные вещества, которые мы получаем из еды.

Многие уже знают, что фрукты и овощи очень полезны. В них содержатся витамины, минералы и клетчатка, которые помогают нашему организму правильно работать. Важно питаться разными фруктами и овощами, чтобы получить всё разнообразие полезных веществ.

В мясе, курице, рыбе, яйцах, грибах, тофу и некоторых бобах содержится другой полезный элемент под названием «белок». Белок — это строительный материал для нашего организма. Некоторые белки сравнивают с деталями конструктора. И действительно, белки участвуют в создании мышц и внутренних органов.

Другие белки похожи на маленьких воинов, которые защищают наш организм от вирусов и бактерий, из-за которых мы болеем. Поскольку белок выполняет такую важную функцию в нашем организме, необходимо часто есть продукты, которые его содержат.

Ещё одно очень полезное для человека вещество — это кальций. Кальций содержится в сыре и йогурте, орехах, семенах, фасоли и зелёных овощах. Кальций поддерживает наши кости и зубы и делает их крепкими.

Углеводы дают нам энергию для работы нашего организма. Углеводы можно найти во многих продуктах, например, во фруктах и овощах, злаках, таких как рис или овёс, картофеле, кукурузе, а также в бобах. Углеводы очень важны для здоровья человека, но некоторые источники углеводов не очень полезные. Многие учёные считают, что питаться продуктами с большим количеством сахара может быть вредно. Ещё очень важно выбирать продукты, которые сделаны из цельного зерна. Таким образом можно получить намного больше полезных веществ, чем в переработанном зерне.

Некоторые утверждают, что правильное питание — это целая наука. Эта тема действительно требует многих знаний. Важно постепенно изучать этот вопрос и учить себя, как правильно питаться, чтобы поддерживать собственное здоровье.

1. О чём говорится в тексте?

- О питательных веществах, которые мы получаем из еды.

- О том, как правильно готовить еду.

2. Почему ради здоровья нужно стараться есть разные овощи и фрукты?

- Потому что так мы поддерживаем фермеров.
- Потому что так можно получить полный набор нужных полезных веществ.

3. Белок — это строительный материал для нашего организма. Чем ещё он полезен?

- Некоторые белки участвуют в борьбе с вирусами и бактериями.
- Белки спасают от головной боли.

4. Чем полезен кальций?

- Кальций даёт нам энергию для занятий спортом.
- Кальций поддерживает наши кости и зубы и делает их крепкими.

5. Чем можно заменить слово «функцию» в предложении «Поскольку белок выполняет такую важную **функцию** в нашем организме, необходимо часто есть продукты, которые его содержат»?

- работу
- предложение

6. Какой вариант **противоположен** по значению к слову «**разнообразие**» в предложении «Важно питаться разными фруктами и овощами, чтобы получить всё **разнообразие** полезных веществ.»?

- безобразие
- единообразие

7. Вставьте пропущенные слова.

беседовали   ворчали   горизонте

- Мы все по очереди ___________ от того, что было очень жарко, а кондиционер не работал.
- Бабушки мирно ___________ на веранде, рассказывая друг другу о своих внуках.
- Мама повезла нас на озеро рано утром встречать рассвет, и все мы ждали появления солнца на ___________ .

Уровень 3

Модуль 3.1

Сегодня на обед папа пожарил картошку для Димы и его трёхлетнего брата Игоря. Дима полил картошку кетчупом, а для себя папа достал острый соус. Игорь же отказался от кетчупа; вместо этого он попросил у папы попробовать его острый соус.

— Этот соус острый даже для меня, — объяснил папа. — У тебя от него точно разболится животик. Я предлагаю тебе попробовать кетчуп.

Но Игорь кетчуп не хотел. Вместо этого он вдруг сполз со стула на пол, стал плакать, громко требовать острый соус и даже застучал кулачками по полу.

— Что это с ним? — не на шутку перепугался Дима. Игорь хоть и был шалун, но так себя никогда не вёл и обычно слушался родителей.
— У детей двух-трёх лет такое часто бывает, — объяснил папа. — Они уже достаточно взрослые, чтобы понимать и чувствовать, но ещё не научились управлять своими эмоциями.
—Игорёк, — обратился папа к малышу. — Вставай, маленький ты наш «андерталец»!
— Я не «андерталец»! — сердито топнул ножкой Игорь. Дима и папа рассмеялись.
— А кто такие эти неандертальцы? — спросил Дима.
— Неандертальцы — это вид древних людей, которые раньше жили на Земле, но потом вымерли, — ответил папа.

— Как это? — не совсем понял Дима.

— Вот, например, наш кот Тишка и какой-нибудь тигр в джунглях — два разных зверя, но оба из семьи кошачьих. У них есть похожие черты, но и много разного. Точно так же мы и неандертальцы — разные виды одного рода людей.

— А как наш вид называется? — спросил Дима.

(Тем временем Игорь затих и слушал разговор папы и старшего брата.)

— Нас учёные называют «человек разумный», хотя иногда некоторые ведут себя очень неразумно. Например, когда им не дают острый соус, — пошутил папа. — А вообще всего науке известно девять видов людей: мы, неандертальцы, человек денисовский, человек флоресский, были ещё другие. Но сегодняшний день на планете остались только мы.

— Откуда же мы узнали про других людей? — не унимался Дима.

— Есть такая наука — археология. Учёные-археологи проводят раскопки, ищут следы прошлой жизни, которые сохранились глубоко под землей. По разным деталям они определяют, как люди жили в древности, чем занимались, что любили. Например, в местах, где жили неандертальцы, они нашли блестящие ракушки. Учёные предположили, что неандертальцы любили украшать предметы и имели тягу к искусству.

— Значит, не такие уж они были и невежественные, и дикие, как некоторые, — со смехом заметил Дима, указывая на младшего брата. — Так что, Игорёк, ты действительно «андерталец».

— Нет, — серьезно заявил Игорь, усаживаясь за стол. — Я передумал буянить. Буду вести себя хорошо, как неандерталец.

1. О чём говорится в тексте?

- О беседе папы и его сыновей о древних видах людей.
- О том, как люди произошли от неандертальцев.

2. Сколько видов древних людей известно на сегодняшний день?

- Мы знаем только о неандертальцах.
- Науке известно девять видов людей.

3. Как называются учёные, которые изучают в том числе и древних людей?

- инженеры
- археологи

4. Как папа объяснил, почему Игорёк буянил?

- Игорёк ещё не научился управлять своими эмоциями.
- Игорёк привык получать желаемое криком.

5. Чем можно заменить слово «блестящие» в предложении «Например, в местах, где жили неандертальцы, они нашли **блестящие** ракушки»?

- мутные
- сверкающис

6. Какой вариант **противоположен** по значению к слову «**разумный**» в предложении «Нас учёные называют «человек **разумный**»?

- глупый
- смышлёный

7. Вставьте пропущенные слова.

познакомились   Детство   жужжат

- На школьном празднике мы __________ с тренером команды по баскетболу.
- Было слышно, как рядом __________ пчёлы.
- __________ писатель провёл в небольшом городке на севере от Нью-Йорка.

Модуль 3.2

Никите поручили очень важное задание. Он должен был переписать книгу по истории, которую давно мечтал прочитать. «На переписывание уйдёт не меньше года», — подумал он. Никита жил в далёком 13 веке в монастыре. В те времена книги печатать люди ещё не умели. Вместо этого книги вручную переписывали монахи!

Никита очень гордился тем, что ему поручили такое ответственное задание. Писать он научился здесь же, в монастыре, и многие говорили, что у него очень красивый почерк. Главное — суметь переписать всё красиво и без ошибок. Работа эта была непростая, потому что ни ручек, ни бумаги в те времена не существовало. Буквы выбивали специальными инструментами в обработанную кожу животных!

Для работы Никиты настоятель монастыря купил пергамент высшего качества. Пергамент, который делали из кожи телят, стоил очень дорого. Книга была толстой: пятьсот страниц, никак не меньше. Никита предполагал, что на такое количество пергамента ушло целое стадо телят. Поэтому он ставил буквы тесно друг к другу, чтобы пергамента точно хватило.

Первую заглавную букву на каждой странице называли «буквицей». Её рисовали отдельно, часто цветной краской, и украшали разными узорами. Этого Никита пока не умел. Он всё же надеялся, что если справится с заданием, то настоятель монастыря разрешит ему брать уроки по рисованию буквиц.

В те временя книги были чрезвычайно дорогие, потому что сам пергамент стоил дорого, да и процесс переписывания длился месяцами. Только очень богатые и знатные люди могли себе позволить купить одну или две книги. Книги в основном хранились в монастырях и университетах.

Никите было всего 12 лет, но он понимал, как ему повезло. Он уже был научен грамоте, умел красиво писать и, самое главное, был окружён дорогими книгами, которые читал с упоением.

Никита докончил переписывать первое предложение и вздохнул. Он представил себе, что когда-нибудь через многие сотни лет люди придумают способ переписывать книги быстрее. Он пока не знал, как это получится. Никита представлял, что в будущем книги будут стоить не так дорого. Тогда, возможно, даже в самой бедной семье будет хотя бы одна книга.

Никита выглянул в окно своей кельи. Светило солнце и накрапывал тёплый весенний дождик. Впереди Никиту ожидал целый год, в течение которого он каждый день будет усердно переписывать страницу за страницей.

1. О чём говорится в тексте?

- О мальчике Никите, который жил в 13 веке и переписывал книги в монастыре.
- О том, как люди научились печатать книги.

2. Почему до изобретения печатного станка книги были такими дорогими?

- Потому что книги украшались драгоценными камнями.
- Потому что телячья кожа стоила дорого и процесс переписывания длился многие месяцы.

3. Как изготовляли книги до появления печатного станка?

- Буквы выбивали специальными инструментами в обработанную кожу животных.
- До появления печатного станка книги не изготовляли.

4. О чём мечтал Никита?

- О том, что в будущем книги будут доступны и простым людям.
- О том, как он станет великим писателем.

5. Чем можно заменить слово «упоением» в предложении «Он уже был научен грамоте, умел красиво писать и, самое главное, был окружён дорогими книгами, которые читал с упоением»?

- наслаждением
- успокоением

6. Какой вариант противоположен по значению к слову «усердно» в предложении «Впереди Никиту ожидал целый год, в течение которого он каждый день будет усердно переписывать страницу за страницей»?

- сердито
- лениво

7. Вставьте пропущенные слова.

виляла   виноватым   Завести

- Кот с ___________ видом тёрся о ноги

хозяйки, пытаясь извиниться за украденную со стола рыбу.

* Каждый день собака Клава встречала нас у дверей и ___________ хвостом от радости.
* ___________ попугая Ингу уговорила подружка, которой родители не разрешали сделать того же.

Модуль 3.3

Сегодня всем известно, что планета Земля, на которой мы живем, круглая и вращается вокруг Солнца. Вместе с Землёй вокруг Солнца вращаются и другие планеты Солнечной системы. Однако ещё несколько веков назад люди представляли себе космос совсем по-другому.

Люди всегда задумывались о Вселенной и звёздах и пытались найти ответы на вопросы о космосе. Что это за место, в котором мы живем? Почему бывает день и ночь? Что это за яркие огоньки на небе, которые мы называем звёздами? Люди складывали легенды о мире и небе. Одной из них была легенда о трёх китах. Люди верили, что наша Земля плоская и покоится на спинах трёх китов.

Люди тщательно следили за небом и изучали движение планет и звёзд. В какой-то момент люди подумали, что Земля — это центр Вселенной, а Солнце и другие планеты вращаются вокруг неё. Сегодня мы знаем, что это не так. Однако на протяжении многих сотен лет считалось, что Земля — самое важное место во всей Вселенной. Около пятисот лет назад польский учёный по имени Николай Коперник доказал, что это Земля вращается вокруг Солнца, а не наоборот.

В своей родной Польше Николай Коперник был известным врачом и знатоком астрономии — науки о Вселенной. Многие годы Коперник тщательно наблюдал за движением небесных тел и записывал увиденное. После долгих наблюдений и сложных расчётов он пришел к выводу, что Земля не является центром Вселенной.

Нам кажется, что Земля неподвижна, а остальные небесные тела вращаются вокруг неё. Но это совсем не так. На самом деле каждую секунду Земля и другие планеты преодолевают сотни километров, вращаясь вокруг Солнца! Мы просто этого не замечаем. Ни Земля, ни Солнце не являются центром Вселенной, и таких планет, как Земля, и таких звёзд, как Солнце, существует огромное множество!

Коперник хотел донести своё открытие до других людей. В течение тридцати лет он работал над книгой «Об обращениях небесных сфер», где подробно рассказывал о своих наблюдениях и выводах. Коперник успел увидеть свою книгу напечатанной незадолго до смерти. Он скончался в возрасте 70 лет от болезни.

В те времена книги ещё не были так распространены, как сегодня. Поэтому труд Коперника изначально читали только учёные. Вначале они могли делать это совершенно свободно. Вскоре у теории Коперника начали появляться последователи. Однако были и люди, которым совсем не понравились открытия Коперника. Они хотели продолжать верить, что Земля — это самое важное место во Вселенной. Поэтому книга Коперника на долгое время попала под запрет. Тех, кто тайно её читал, наказывали, а книги сжигали!

Понадобилось ещё очень много времени, чтобы люди наконец признали верность теории Коперника. А в благодарность за его тяжелый труд и открытия именем Коперника впоследствии был назван один из кратеров на Луне.

1. О чём говорится в тексте?

- О том, почему на Земле существуют дни и ночи.
- О том, что люди думали о Земле и космосе и об открытиях Коперника.

2. Какая древняя легенда рассказывает о том, где находится Земля?

- легенда о трёх китах
- легенда о лисице

3. Какого было европейское представление о мире и космосе до появления Коперника?

- Считалось, что Луна — это центр Вселенной.
- Считалось, что Земля — это центр Вселенной и что все звёзды и Солнце вращаются вокруг неё.

4. В чём заключалось главное открытие Коперника?

- Он осознал, что ни Земля, ни Солнце не являются центром Вселенной и что Земля вращается вокруг Солнца, а не наоборот.
- Он осознал, что Земля древнее Солнца.

5. Чем можно заменить слово «распространены» в предложении «В те времена книги ещё не были так **распространены**, как сегодня»?

- запрещены
- популярны

6. Какой вариант **противоположен** по значению к слову **«подробно»** в предложении «В течение тридцати лет он работал над книгой «Об обращениях небесных сфер», где **подробно** рассказывал о своих наблюдениях и выводах»?

- вкратце
- детально

7. Вставьте пропущенные слова.

подозрением   получается   усилий

- У него __________ очень увлекательно рассказывать о своих путешествиях.
- Сыщик осмотрел кафе с большим __________.
- Поднять штангу требовало больших __________.

Модуль 3.4

Книга «Сто один далматинец» чрезвычайно популярна уже многие годы. Она рассказывает о приключениях милых пятнистых щенят. В жизни далматинцев можно встретить довольно часто. Кто вывел эту породу и что это за собаки?

Своё название далматинцы получили от региона Далмация, который находится в Хорватии. История этой породы уходит так далеко в прошлое, что уже никто не помнит, откуда эти собаки произошли и кто их вывел. Однако точно известно, что Далмация была их первым домом. Именно поэтому в 18 веке английский учёный Томас Бьюик дал этой породе имя, под которым она известна и сегодня.

Щенята далматинца рождаются совершенно белыми, без единого пятнышка. Первые чёрные отметины начинают появляться на их шкуре, когда щенятам исполняется 3–4 недели. В возрасте одного месяца шкура щенят уже покрыта пятнами, как у взрослой собаки. Иногда встречаются далматинцы с коричневыми пятнами, но это бывает крайне редко.

Благодаря их уму и сообразительности, далматинцам поручали самые разные задачи. Когда-то очень давно далматинцев использовали как охранников. Вместе с солдатами они охраняли границы Далмации от врагов. Конечно же, этих собак брали с собой и на охоту. Далматинцы доказали, что охотники из них ничуть не хуже, чем охранники.

Когда люди поняли, что далматинцы хорошо ладят с лошадьми, они придумали для них ещё одно интересное занятие. Далматинцы стали сопровождать пожарные экипажи с лошадьми и помогать при тушении пожаров. Далматинцы бежали перед пожарным экипажем, расчищая дорогу. Так пожарники могли вовремя добраться до пожара.

А так как для пожарных экипажей использовали крепких и выносливых лошадей, стоили они довольно дорого. Поэтому конюшни при пожарной охране надо было стеречь от воров. Именно этим и занимались далматинцы, когда в городе было тихо и нигде ничего не горело. Далматинцев даже сделали символом пожарной охраны.

В 19 веке стало очень модно использовать далматинцев как сопровождающую собаку. Конечно, позволить себе это могли только зажиточные люди, у которых был собственный экипаж или карета. Далматинцы бежали рядом с экипажем, сопровождая хозяина и охраняя лошадей. Хозяева знали, что на далматинцев можно положиться. Именно поэтому они заслужили репутацию отличных сторожевых псов.

Сегодня далматинцев заводят как домашних питомцев, а иногда они ещё играют в кино.

1. О чём говорится в тексте?

- О том, как снимали кино про далматинцев.
- О далматинцах.

загораживали сцену. Пока дети рассматривали
инструменты, к ним подошел один из музыкантов.

— А на каком инструменте вы играете? — спросила Оля.
— На виолончели, — пояснил музыкант. — А рядом
группа скрипок. В оркестре все инструменты делятся на
четыре группы; так дирижеру легче следить за всеми.
— А что это за группы инструментов? — спросил Саша.
— Виолончель и скрипка—это смычковые инструменты.
Есть ещё деревянные духовые, к которым относятся
флейта и кларнет. Видите тромбон и трубу? Это тоже
духовые, но медные. Ну и конечно, ударные.
— Тарелки! — усмехнулся Саша.
— В оркестре их называют литавры, — поправил его
виолончелист. Тут он хитро улыбнулся и спросил: — А вы
когда-нибудь слышали про морской орган?

— Орган—это такой огромный музыкальный инструмент
с трубами, на котором можно играть клавишами. —
заявила Оля. — Я слышала игру на органе однажды в
церкви во время путешествия. Но разве на нём можно
играть под водой? Ведь он так быстро испортится от
солёной морской воды?
— Обычный орган, конечно, испортится, — подтвердил
виолончелист. — Но морской орган очень необычный.

Виолончелист рассказал Оле и Саше, что на морском
побережье хорватского города Задар расположен один из
самых удивительных инструментов — морской орган.
Посетители набережной слушают волшебные мелодии,
хотя ни самого инструмента, ни исполнителя нигде не
видно.

Идея построить морской орган появилась, когда нужно было перестроить набережную в Задаре. Набережная была разрушена во время Второй мировой войны. Тогда архитектор Никола Башич предложил интересный проект, который со временем принес Задару невероятную популярность.

Длинные белые ступени набережной, ведущие к самой кромке воды, и есть тот самый морской орган! Внутри лестницы расположены пластиковые трубы, а в ступенях проделаны специальные отверстия. Именно через них по набережной и льется волшебная мелодия. А играют на этом необычном органе прибрежный ветер и волны тёплого моря, которые гуляют по трубам органа.

Громкость и тональность мелодии зависит от силы ветра и высоты волн. Поэтому угадать, услышите вы сегодня на набережной задорный марш или печальную мелодию, невозможно. Сама природа даёт концерты на поющей набережной Задара!

1. О чём говорится в тексте?

- О том, как Оля и Саша побывали на симфоническом концерте и узнали о морском органе.
- О том, как Оля и Саша научилась игре на органе.

2. Что вначале думали Оля и Саша о классической музыке и симфоническом оркестре?

- Они мечтали быть частью симфонического оркестра.
- Они считали, что это очень скучные занятия.

3. Почему оркестровая яма часто располагается в углублении?

- Потому что там теплее.
- Чтобы оркестр не загораживал зрителям сцену.

4. На какие четыре группы делятся музыкальные инструменты в оркестре?

- На ударные и клавишные.
- На медно-духовые, деревянно-духовые, смычковые и ударные.

5. Каким словом или выражением можно заменить слово «заворожили» в предложении «Но вскоре волшебные звуки **заворожили** их»?

- увлекли
- отвлекли

6. Какой вариант **противоположен** по значению к слову «**хитро**» в предложении «Тут он хитро улыбнулся и спросил»?

- искренне
- слегка

7. Вставьте пропущенные слова.

развевал   подавленное   бодрит

- Осенью у многих настроение бывает
  __________, а я просто наслаждаюсь этим
  временем года!
- Свежий горный воздух __________, не хуже
  чашки кофе.
- Легкий морской ветерок __________
  блестящие на солнце волосы бабушки.

Модуль 3.6

Бесспорно самое глобальное и самое важное
спортивное мероприятие — это Олимпийские игры.
Пловцы и волейболисты, бегуны и велосипедисты,
лыжники и сноубордисты, а также многие другие
спортсмены соревнуются за титул олимпийских
чемпионов. Откуда пошла традиция проводить
Олимпийские игры и почему их так назвали?

Впервые Олимпийские игры состоялись многие сотни
лет назад в Древней Греции. Царь одного из греческих
государств решил провести атлетическое соревнование,
чтобы его народ мог отдохнуть от бесконечных войн. Он
заключил союз с двумя другими греческими правителями,
и вместе они придумали правила этих игр.

Местом проведения выбрали греческий город
Олимпию, и именно отсюда пошло название игр.
Олимпия стала считаться священным местом, и
вооруженным воинам заходить туда было запрещено.

Олимпийские игры решили проводить в честь самого могущественного бога в греческой культуре — Зевса.

Вначале в программу Олимпийских игр входило всего несколько видов спорта: бег, прыжки в длину, метание копья и диска, а также борьба. Каждый спортсмен должен был принимать участие во всех этих соревнованиях. Позже в программу добавили гонки на колесницах, кулачный бой и забег в полном боевом вооружении. В Древней Греции в Олимпийских играх даже поэты и музыканты состязались в своем искусстве.

В те далекие времена участвовать в Олимпийских играх могли только мужчины. Они прибывали в Олимпию со всех концов Греции. Поскольку тогда не было ни поездов, ни машин и уж тем более самолётов, многим спортсменам приходилось идти до Олимпии пешком несколько месяцев. Тем не менее, участники были готовы преодолеть любые трудности, чтобы попасть в Олимпию. Ведь простое участие в Олимпийских играх было весьма почётно.

Так как спортсмены соревновались не в одном, а сразу в нескольких видах спорта, то и победитель был только один. Ему на голову надевали лавровый венок, который у древних греков ценился дороже любых драгоценностей. Олимпийские игры проводились раз в четыре года, и во время соревнований приостанавливались все войны.

Постепенно греческие государства стали слабеть, а их культура угасать. Олимпийские игры тоже были позабыты. Но потом через многие века археологи обнаружили руины старых стадионов, и многие тут же заинтересовались историей древних олимпийских игр. Первые Олимпийские игры современности состоялись в 1896 году на их исторической родине в Греции.

Правила современных Олимпийских игр несколько раз менялись. В состав мероприятия добавлялись новые виды спорта. Но символ Олимпийских игр — Олимпийский огонь — остался неизменным. По старой греческий традиции его зажигают в городе проведения игр перед началом соревнований. Огонь продолжает гореть до самого конца церемонии награждения победителей.

Девизом современных Олимпийских игр изначально была фраза на латинском языке «Citius, altius, fortius», которая переводится как «Быстрее, выше, сильнее». Впервые эта фраза была сказана французским священником Анри Дидоном на открытии спортивных соревнований в его колледже. Эту фразу утвердили как девиз Олимпийских игр в 1894 году, потому что она отражает дух соревнований. В 2021 году Олимпийский девиз поменяли на «Citius, Altius, Fortius — Communiter», что переводится как «Быстрее, выше, сильнее — вместе».

Как и в Древней Греции, современные Олимпийские игры являются символом мира и объединения народов. Именно поэтому эмблемой игр стали пять переплетённых колец. Кольца символизируют единство пяти частей света, ведь сегодня в Олимпийских играх принимают участие спортсмены со всего мира.

1. О чём говорится в тексте?

- о различных видах спорта
- об истории Олимпийских игр

2. Где были придуманы Олимпийские игры?

- в Древнем Риме
- в Древней Греции

3. Как звучит новый девиз Олимпийских игр?

- Быстрее, выше, сильнее — вместе.
- Мир во всём мире.

4. Что символизирует собой эмблема Олимпийских игр?

- гимнастические упражнения
- мир и объединение народов

5. Чем можно заменить слово «могущественного» в предложении «Олимпийские игры решили проводить в честь самого **могущественного** бога в греческой культуре — Зевса»?

- мудрого
- сильного

6. Какой вариант **противоположен** по значению к слову «**объединения**» в предложении «Как и в Древней Греции, современные Олимпийские игры являются символом мира и **объединения**

народов»?

- дружбы
- раздора

7. Вставьте пропущенные слова.

удалась   одновременно   навеяла

- Утренняя пробежка ____________!
- Эта песня ____________ воспоминания о прошедшем лете.
- Лидия и Вадим ____________ пересекли финишную линию.

Модуль 3.7

Мастера Антонио Страдивари знала вся Кремона. Каждый житель этого итальянского городка, кто хотя бы раз проходил ранним утром по площади святого Доминика, обязательно видел высокую, худую фигуру Страдивари на открытой террасе.

В Кремоне говорили, что по мастеру Страдивари можно проверять часы. Город ещё едва просыпался, даже торговцы не открыли ставни своих лавок, а старый мастер был уже на террасе. Там он покрывал лаком и сушил инструменты. Антонио Страдивари был очень необычным мастером. Он изготавливал скрипки.

Работу Страдивари и ремеслом-то было сложно назвать. Это было настоящее искусство, а может даже волшебство. Звучание скрипок, которые изготовлял этот мастер, можно было узнать по их невероятной чистоте. Инструмент будто пел.

Кто-то говорил, что всё дело в математических расчётах, которые проводил мастер. Другие считали, что его успех заключается в удивительном чутье, с которым он выбирал дерево для своих творений. Знали об этом и торговцы деревом. Продать ему обычное сухое дерево, а уж тем более дерево с сучками, не решился бы ни один поставщик.

Своим дурным, сварливым нравом Страдивари славился по всему городу. И тем не менее, всё ему прощали: и скупость, и подозрительность, и грубость. Страдивари пользовался уважением и почётом у всей Кремоны.

За свою долгую жизнь Страдивари успел скопить немалое состояние. Большой любитель живописи, он мог позволить себе покупать картины. Но, к сожалению, даже в жизни мастера не всё было так гладко. В его мастерской рядом с другими учениками работали и его сыновья. Мастер мечтал о том, чтобы передать им своё дело. Он обучал их так же скрупулёзно, как и других учеников. Но увы, то ли сыновьям не было интересно скрипичное дело, то ли природа не наделила их тем волшебным талантом, который достался их отцу. Они прилежно выполняли все задания Страдивари, и инструменты, которые они создавали, отличались добротностью и качеством. Однако добиться того же звучания, что скрипки великого Страдивари, у них не получалось, как бы они ни старались.

Своё единственное утешение мастер по-прежнему находил в изготовлении скрипок. Выбирая дерево, он тщательно рассматривал каждую прожилку на срезе, стучал по нему ногтем и смычком, прикладывал к уху, прислушиваясь к какой-то ему одному слышимой мелодии.

А ещё мастер сам изготавливал лаки, которыми покрывал скрипки. Он работал над их составом всю жизнь. Этот секрет он не раскрыл никому, даже самым талантливым из своих учеников. Лаки хранились в специальной комнате, куда никому не разрешалось заходить. Мастер обычно приходил туда по ночам. Одними лаками он обрабатывал дерево, чтобы улучшить звук. Другими придавал готовым инструментам красивый блеск.

Сыновья Страдивари удивлялись, почему он никому не открывал своих секретов. А мастер Антони Страдивари любовно поглаживал очередную вышедшую из его мастерской скрипку. Он знал, что даже спустя века его скрипки будут жить, а вместе с ними и имя самого мастера.

1. О чём говорится в тексте?

- О жизни Мастера Антонио Страдивари.
- О жизни сыновей Страдивари.

2. Почему работу Страдивари называли искусством?

- Потому что он красиво разрисовывал скрипки.

- Потому что звучание скрипок, которые он изготовлял, можно было узнать по их невероятной чистоте.

3. Почему торговцы деревом не смели предлагать Страдивари плохой товар?

- Они знали, что благодаря своему удивительному чутью Страдивари поймёт, что товар непригоден.
- Они опасались гнева Страдивари.

4. Какой свой секрет Страдивари так и никогда никому не раскрыл?

- Как играть на скрипке.
- Способ изготовления лака для покрытия скрипок.

5. Чем можно заменить слово «решился» в предложении «Продать ему обычное сухое, твёрдое дерево, а уж тем более дерево с сучками, не **решился** бы ни один поставщик»?

- посмел
- надеялся

6. Какой вариант **противоположен** по значению к слову «**сварливым**» в предложении «Своим дурным, **сварливым** нравом Страдивари славился по всему городу»?

- агрессивным

* мирным

7. Вставьте пропущенные слова.

проникла порекомендовала склонен

* Дядюшка Санни был __________ к ссорам.
* Инна __________ нам арбузное мороженое.
* Постепенно мама __________ идеей о переезде в Калифорнию.

Модуль 3.8

— Генри, пора обедать! — раздался мужской голос. Стоявший у загона с верблюдом Саша обернулся. К загону направлялся работник зоопарка с полным ведром морковки.
— Генри, иди сюда! — сказал он.

— Кого он зовёт? — спросил мальчик у мамы.
— Сейчас узнаем, — ответила она.
— Генри — это наш верблюд, — объяснил подошедший к ним работник. — Пришло время пообедать, а он очень любит морковку.

Саша повернулся посмотреть на верблюда. Тот в это время внимательно рассматривал какого-то малыша, подошедшего довольно близко к барьеру. Саше эта сцена показалась очень милой.

В это время к малышу взволнованно подбежал взрослый со словами: «Я же тебе говорил не подходить близко!» Малыша отвели в сторону.
— Почему этот взрослый так разнервничался? — спросил Саша. — Верблюд же не хищник, не укусит.
— Но верблюд может плюнуть, — объяснила мама. Саша удивлённо на неё посмотрел, потому что до этого полагал, что только люди умеют плеваться.

— Когда верблюд чувствует опасность, он плюётся, чтобы отпугнуть врага, — разъяснил стоящий рядом работник зоопарка. — Это, конечно, не больно, но очень неприятно.

— А ты знаешь, что верблюд всегда носит с собой холодильник? — то ли в шутку, то ли всерьёз спросил работник.
—Это как так? — ещё больше удивился Саша.
— Видишь у него горб на спине? Там верблюд хранит запас жира. Когда верблюду приходится совершать долгий переход через пустыню, где нет никакой еды, он использует этот жир, чтобы всегда оставаться полным энергии. Совсем как мы, когда открываем холодильник, чтобы достать оттуда йогурт или яблоко и подкрепиться после долгой прогулки.

— А почему верблюды ходят по пустыне? — спросил Саша. —Там же жарко и нет воды. Да и делать, наверное, особо нечего.
— Во многих странах Ближнего Востока верблюдов издавна использовали как лошадей во время путешествий. Это было очень удобно, потому что не надо было везти с собой дополнительную еду для животных. К тому же,

верблюд очень выносливый и может нести на себе большое количество груза.

— Но они, наверное, намного медленнее, чем лошади, — предположил Саша.

— Вовсе нет, — ответил работник зоопарка. — Верблюды, хоть и кажутся большими и неуклюжими, на деле могут передвигаться так же быстро, как и лошади.

Саша снова обернулся посмотреть на верблюда. Было интересно представить, как этот важный, неторопливый гигант несет на себе тюки через пески пустыни в какой-нибудь жаркой стране.

Тут Генри подошёл к тому месту, где беседовали Саша, его мама и работник зоопарка. Генри многозначительно уставился на ведро с морковкой.

— Пожаловал, — усмехнулся работник зоопарка. — Проголодался, видно. Пойду кормить.

Он открыл дверь вольера.

— А на вас он не плюнет? — забеспокоился Саша.

— Нет, — улыбнулся работник. — Мы с ним уже много лет дружим: с тех пор как его привезли в наш зоопарк.

1. О чём говорится в тексте?

* О знакомстве мальчика Саши с верблюдом Генри в зоопарке.
* О том, как опасны верблюды.

2. Почему верблюды плюются?

- Верблюды плюются, когда им скучно.
- Верблюды плюются, когда чувствуют опасность, пытаясь отпугнуть врага.

3. Почему работник зоопарка сравнил верблюжий горб с холодильником?

- С помощью своего горба верблюды охлаждаются.
- В горбу хранится запас жира, откуда верблюд может получать питательные вещества.

4. Почему в путешествиях через пустыню часто использовали верблюдов?

- Потому что верблюды сильные и выносливые, и для них не нужно возить с собой питание.
- Потому что верблюды могут передвигаться намного быстрее, чем другие животные.

5. Чем можно заменить слово «беседовали» в предложении «Тут Генри подошёл к тому месту, где **беседовали** Саша, его мама и работник зоопарка»?

- разговаривали
- спорили

6. Какой вариант **противоположен** по значению к слову «**отпугнуть**» в предложении «Когда верблюд чувствует опасность, он плюётся, чтобы **отпугнуть** врага»?

- устрашить
- привлечь

7. Вставьте пропущенные слова.

хобби   разучил   соблюдать

- В школе необходимо __________ правила поведения.
- Мне задали много домашней работы, и у меня не осталось времени на __________.
- Я __________ танец, который называется «полонез».

Модуль 3.9

Однажды мама и папа пришли домой очень взволнованные.

— Мы купили билеты на фестиваль фонариков! — сообщили они детям.

Марк и Робби переглянулись. Они знали, что фестиваль — это событие, когда люди собираются вместе, слушают музыку и веселятся. Но при чем тут фонарики?

— Это не обычные фонарики, — объяснил папа. — Их делают из бумаги и натягивают на легкий деревянный каркас. А во время фестиваля все собравшиеся запускают свои фонарики в небо.

Потом мама заявила, что проводится фестиваль в пустыне. Про пустыню Марк и Робби слышали много, но прежде никогда там не были. Мальчикам сразу захотелось поехать в пустыню запускать фонарики.

В день фестиваля вся семья выехала из дома на рассвете. Дорога была неблизкая, и к полудню Марк и Робби заволновались, что могут опоздать к началу фестиваля. Но мама и папа успокоили их, заверив, что фестиваль начнётся только вечером.

— Почему? — удивились мальчики.
— Увидите! — загадочно ответила мама.

На место проведения фестиваля семья прибыла к сумеркам. На поле собралось много народа, а участники всё продолжали прибывать. Папа расстелил на земле коврик, и вся семья расположилась на нём. Потом они стали доставать из рюкзаков заранее припасённые бумажные фонарики. Марк и Робби помогали родителям закрепить фонарики на деревянных конструкциях.

— А зачем нам спички? И что это за горелка? — поинтересовался Робби.

И вот тут родители рассказали мальчикам самое интересное. Оказывается, для того чтобы фонарики поднялись в воздух, необходим огонь! Поэтому каждый фонарик снабжался горелкой, которую зажигали. Благодаря теплу воздух внутри фонарика нагревается, становится легче, и поэтому фонарик взлетает. Пока огонь в горелке не погаснет, фонарик будет парить в небе.

На небольшой сцене перед собравшимися участниками появился ведущий с микрофоном. Он рассказал о древней китайской легенде о бумажных фонариках. Однажды во время боя военный стратег Чжугэ Лян оказался в окружении. Он не мог передать своим соратникам весточку, чтобы они прислали ему подкрепление. Поэтому он запустил в небо воздушные фонарики, надеясь, что они долетят до его союзников. Многие сотни лет фонарики использовали на войне для передачи сообщений.

Позже в Китае возникла традиция запускать такие фонарики на Новый год. Люди загадывали желание и одновременно отпускали фонарик в небо. Красные фонарики запускали для удачи, оранжевые — для денег, а белые — для крепкого здоровья. Сегодня эта традиция существует и в других частях мира. Иногда люди просто пишут своё желание на бумажке и прикрепляют её к фонарику.

Тем временем совсем стемнело. Люди вокруг стали писать свои желания и прикреплять их к фонарикам. Марк и Робби последовали их примеру.

— Запускаем? — спросил Робби, когда они были готовы.
— Не сейчас, — покачал головой папа. — Нужно дождаться сигнала ведущего.

Теперь поле вокруг них было совсем светлым от зажжённых фонариков. Ведущий попросил всех приготовиться и начал обратный отсчёт. Участники фестиваля все в один голос считали от десяти до одного.

И вот наконец сотни горящих фонариков одновременно взмыли в небо. Небо осветилось мерцающими огоньками. Казалось, будто множество фей или светлячков слетелось на праздник в пустыне. Фонарики поднимались всё выше, унося с собой самые сокровенные желания и оставляя за собой веру в волшебство.

1. О чём говорится в тексте?

- о фестивале фонариков
- о фестивале пустыни

2. Для чего необходима горелка в конструкции фонариков?

- Для того, чтобы в конце полёта фонарик сгорел.
- Благодаря теплу от горелки воздух внутри фонарика нагревается, становится легче, и поэтому фонарик взлетает.

3. С какой целью использовались бумажные фонарики в истории?

- Многие сотни лет фонарики использовали на войне для передачи сообщений
- В качестве способа освещения.

4. Какая новогодняя традиция, связанная с запуском фонариков, зародилась в Китае?

- Традиция посылать письма с помощью фонариков.

- Традиция загадывать желание и одновременно отпускать фонарик в небо.

5. Чем можно заменить слово «взмыли» в предложении «И вот наконец сотни горящих фонариков одновременно **взмыли** в небо»?

- выстрелили
- взлетели

6. Какой вариант **противоположен** по значению к слову «**соратникам**» в предложении «Он не мог передать своим **соратникам** весточку, чтобы они прислали ему подкрепление»?

- противникам
- друзьям

7. Вставьте пропущенные слова.

озадачен   открыли   надеюсь

- Представление __________ выступлением известного акробата.
- Учитель был несколько __________ вопросом ученика.
- Я __________, что заинтересовать детей игрой в шахматы будет просто.

Модуль 3.10

Уже больше недели взрослые антилопы вели себя как-то необычно. Они собирались группами на пастбищах и о чём-то взволнованно шептались. До малыша-гну долетали слова «скоро» и «пришла пора», но понять, о чём говорили взрослые, он не мог. Однажды он услышал слово «миграция». Это слово он не знал и поэтому собрался с духом и подошёл к старшим.

— Что такое миграция? — спросил он. — Почему взрослые ведут себя так странно? Мы в опасности?

Про опасность малыш-гну знал от родителей. Со дня рождения они рассказывали ему о львах и других хищниках, которые населяли местность. Если отделиться от стада или замешкаться, хищники могут тебя съесть. Сам малыш-гну видел льва только один раз издалека. Тот показался ему довольно устрашающим, хоть и лежал лениво под деревом.

В ответ на вопрос малыша-гну взрослые антилопы переглянулись.

— Скоро узнаешь, — ответил наконец старейшина. — А пока иди играй.

Малыш-гну послушался. Он уже знал, что если взрослые решили чего-то не говорить, то сколько их ни упрашивай, толку не будет. Поэтому он решил дождаться, когда же они сами всё расскажут.

И вот наконец этот день наступил. Старейшина собрал всё стадо, даже молодых телят, и сказал, что завтра они отправятся в ежегодную миграцию по Серенгети. Антилопы должны были подготовиться и рассказать своим детёнышам, как правильно вести себя во время долгого перехода.

Малыш-гну знал, что Серенгети — это место, где они живут. Все эти бескрайние просторы, луга, болота, леса, от ближайшего дерева до самого горизонта и дальше — всё это Серенгети.

— Зачем мы должны отсюда уходить? — спросил малыш в тот вечер свою маму. — Это же наш дом.
— В это время года здесь мало еды, — ответила мама. — Если мы останемся, то нам не будет хватать травы, мы ослабнем и станем лёгкой добычей для львов. А там, куда мы идем, травы сейчас очень много, и нам хватит надолго.
— Ты там раньше бывала?
— Конечно. И я, и твой папа, и все твои старшие братья и сёстры. Мы совершаем этот переход каждый год. Не волнуйся, тебе понравится новое место.
— А когда мы вернёмся обратно?
— Как только начнутся дожди.

На следующее утро всё стадо двинулось в путь. Малыш-гну знал, что идти придется несколько месяцев, и дорога будет нелёгкой.

— Зато ты увидишь все красоты Серенгети, — пообещала мама.

И она оказалась права. Малыш-гну часто слышал от взрослых, какая красивая их земля, какая она большая и сколько разных животных на ней живут. Но сейчас он смотрел на это богатство своими глазами и всё время думал, как же ему повезло родиться среди такой красоты.

По дороге им встречались другие стада антилоп. Они обменивались новостями, рассказывали о том, как проходила миграция, а потом продолжали свой путь.

Однажды им повстречались зебры. Их полоски показались малышу-гну очень забавными. Зебры не были опасными, как львы, поэтому мама разрешила ему поиграть с такой же, как и он, малышкой-зеброй. Она рассказала ему, что зебры так же, как и антилопы, каждый год совершают переход через Серенгети. А ещё вместе с ними идут многие другие обитатели этой местности.

— Это шествие называется «Великая миграция», — серьёзным тоном заявила малышка-зебра.

Малыш-гну уже не помнил, сколько времени они шли, когда на их пути показалась река.

— Мара! Мара! — зашумели взрослые.
— Приготовься, — сказала мама. — Это твоё первое взрослое испытание.

Мама рассказала, что место, в которое они направляются, находится на другом берегу реки Мара. И единственная дорога туда — через воду. Только сильные и отважные антилопы могут перейти на другую сторону, не побоявшись утонуть.

Антилопы собрались на берегу. Все ждали знака старейшины. И вот первая антилопа прыгнула в воду. Остальные последовали за ней. Они прыгали в воду без остановки, и никто не колебался. Малышу-гну было немного не по себе, ведь он никогда раньше не видел такую широкую и бурную реку. Но он хотел, чтобы все знали, что он такой же смелый и сильный, как его сородичи. Поэтому, когда подошла его очередь, он тоже ринулся в реку.

Вначале показалось, что его тянет ко дну. Малыш-гну закрыл глаза. Но тут он почувствовал, что вода несёт его, а рядом кто-то плывёт. Он открыл глаза и увидел маму. Она слегка кивнула, словно хотела подбодрить его.

Когда они выбрались на сушу и остановились передохнуть, мама сказала:

— Молодец, малыш, сегодня ты стал настоящей взрослой антилопой гну.

Малыш-гну оглянулся по сторонам. На многие мили вперёд простиралась равнина, покрытая невысокой травой.

— Мама, что это за место?
— Это твой новый дом, малыш.

1. О чём говорится в тексте?

- О малыше-гну, который участвовал в первой в своей жизни Великой миграции.

- О малыше-гну, который спасался от хищников по просторам Серенгети.

2. Почему многие животные, обитающие в Серенгети, участвуют в Великой миграции?

- Потому что наступает сезон дождей, и места обитания животных затапливаются.
- Потому что наступает сезон, когда еды для животных становится недостаточно и животным приходится перемещаться на новую территорию в поисках пропитания.

3. Почему мама малыша-гну назвала переправу через реку Мару его первым взрослым испытанием?

- Потому что переправа через широкую и бурную Мару — очень тяжелое и опасное дело.
- Потому что день рождения малыша-гну пришёлся на момент переправы через реку Мару.

4. Почему малыш-гну бросился в реку, при виде которой ему было не по себе?

- Малыш-гну опасался, что над ним будут смеяться, если он струсит и откажется переплывать Мару.
- Малыш-гну хотел, чтобы все знали, что он такой же смелый и сильный, как его сородичи.

5. Чем можно заменить слово «миграция» в предложении «Старейшина собрал всё стадо, даже молодых телят, и сказал, что завтра они отправятся в ежегодную **миграцию** по Серенгети»?

- переселение
- охоту

6. Какой вариант **противоположен** по значению к слову «**отважные**» в предложении «Только сильные и **отважные** антилопы могут перейти на другую сторону, не побоявшись утонуть»?

- трусливые
- смелые

7. Вставьте пропущенные слова.

восхищением   не по себе   стремительно

- Мне стало __________ от такого дикого шума, раздающегося из пещеры.
- Туристы с __________ рассматривали расписные потолки в музее.
- Поднялся сильный ветер, и облака __________ неслись по небу.